I0014192

Idrissa Sarr

Modélisation et Simulation

Ousmane Diallo
Mbaye Sene
Idrissa Sarr

Modélisation et Simulation

Transactions dans les Systèmes P2P avec métadonnées: Spécifications et méthodes d'évaluation de performances

Éditions universitaires européennes

Mentions légales / Imprint (applicable pour l'Allemagne seulement / only for Germany)
Information bibliographique publiée par la Deutsche Nationalbibliothek: La Deutsche Nationalbibliothek inscrit cette publication à la Deutsche Nationalbibliografie; des données bibliographiques détaillées sont disponibles sur internet à l'adresse http://dnb.d-nb.de.
Toutes marques et noms de produits mentionnés dans ce livre demeurent sous la protection des marques, des marques déposées et des brevets, et sont des marques ou des marques déposées de leurs détenteurs respectifs. L'utilisation des marques, noms de produits, noms communs, noms commerciaux, descriptions de produits, etc, même sans qu'ils soient mentionnés de façon particulière dans ce livre ne signifie en aucune façon que ces noms peuvent être utilisés sans restriction à l'égard de la législation pour la protection des marques et des marques déposées et pourraient donc être utilisés par quiconque.

Photo de la couverture: www.ingimage.com

Editeur: Éditions universitaires européennes est une marque déposée de
Südwestdeutscher Verlag für Hochschulschriften GmbH & Co. KG
Heinrich-Böcking-Str. 6-8, 66121 Sarrebruck, Allemagne
Téléphone +49 681 37 20 271-1, Fax +49 681 37 20 271-0
Email: info@editions-ue.com

Produit en Allemagne:
Schaltungsdienst Lange o.H.G., Berlin
Books on Demand GmbH, Norderstedt
Reha GmbH, Saarbrücken
Amazon Distribution GmbH, Leipzig
ISBN: 978-3-8417-9993-7

Imprint (only for USA, GB)
Bibliographic information published by the Deutsche Nationalbibliothek: The Deutsche Nationalbibliothek lists this publication in the Deutsche Nationalbibliografie; detailed bibliographic data are available in the Internet at http://dnb.d-nb.de.
Any brand names and product names mentioned in this book are subject to trademark, brand or patent protection and are trademarks or registered trademarks of their respective holders. The use of brand names, product names, common names, trade names, product descriptions etc. even without a particular marking in this works is in no way to be construed to mean that such names may be regarded as unrestricted in respect of trademark and brand protection legislation and could thus be used by anyone.

Cover image: www.ingimage.com

Publisher: Éditions universitaires européennes is an imprint of the publishing house
Südwestdeutscher Verlag für Hochschulschriften GmbH & Co. KG
Heinrich-Böcking-Str. 6-8, 66121 Saarbrücken, Germany
Phone +49 681 3720-310, Fax +49 681 3720-3109
Email: info@editions-ue.com

Printed in the U.S.A.
Printed in the U.K. by (see last page)
ISBN: 978-3-8417-9993-7

Remerciements & Dédicaces

Je souhaite ici remercier ceux qui m'ont aidé, soutenu, supporté ... de près ou de loin durant la réalisation de ce travail.

Je remercie tout d'abord les membres de mon jury pour avoir relu et évalué mon travail ainsi que pour leurs questions, critiques et suggestions lors de la soutenance.

Je remercie Mr Mbaye SENE pour la confiance qu'il a mise en moi en me donnant ce mémoire et surtout pour l'atmosphère de sérénité qu'il a sue m'octroyer.

Il en va de même pour Mr Idrissa SARR, mon co-encadreur, qui a eu beaucoup de patience avec moi, je lui suis reconnaissant pour le temps qu'il m'a consacré et ses remarques qui m'ont permis d'améliorer ce document. Merci d'avoir cru en moi dès le début et d'avoir pris le temps de m'expliquer.

Je souhaite également remercier Mr Modou GUEYE, Mr Mamadou THIONGANE pour toute l'aide qu'ils m'ont apportée, pour nos discussions, leurs relectures et commentaires…

Un grand merci à Mr Samba NDIAYE, à l'ensemble du corps professoral de notre département et à toute l'équipe GRDBD[1] dont je souligne au passage l'esprit de partage de ses membres qui en font une équipe dynamique et sympathique.

Je remercie tous mes confrères du réseau DEA2009, mention spéciale à Pascal Mbissane FAYE, Mamadou Saliou DIALLO et Bocar SOW, pour toute l'aide et l'amitié qu'ils m'ont apportées. Ainsi que tous mes amis. Je n'ai pas oublié la liste longue de vos noms que je ne peux mettre ici.

Ces remerciements vont également à ma famille, en particulier à mes parents et à mes deux frères Waly DIALLO et Mass DIALLO, merci pour tout. Jamais je ne pourrais vous oublier, je prie Dieu tout simplement...

Enfin je remercie mon oncle Issa GUEYE ainsi qu'à sa famille.

Je dédie ce mémoire à tous ceux que j'ai déjà cités mais aussi à toi qui lis cette phrase.

C'est aussi pour Toi qui m'a supportée et comprise durant ces phases très difficiles...

---

[1] Groupe de Recherches Datamining et Base de Données du Département de Mathématiques et Informatique de la FST de l'UCAD.

Table des matières

Introduction

Les infrastructures pair-à-pair (P2P)[2] offrent aujourd'hui de nouvelles opportunités pour l'accès commun à des données partagées à très grande échelle, par exemple dans le cas des applications de prêt et d'emprunt directs entre particuliers au niveau mondial. Chaque nœud du réseau (pair) contient une réplique partielle de la base de données. Chaque pair peut traiter des requêtes en lectures seules ou des transactions faisant des mises à jour. L'architecture proposée prévoit un mode de réplication asynchrone [1], qui tolère un certain niveau de divergence entre les répliques : une réplique est légèrement obsolète lorsqu'elle n'a pas encore reçu toutes les transactions qui lui sont destinées. Il est donc nécessaire de router les requêtes émises par les applications vers des nœuds dont les données (répliques) sont suffisamment fraîches par rapport aux besoins de la requête, de manière à équilibrer au mieux la charge globale en fonction de la charge et de la capacité de chaque nœud présent.

Ce mémoire s'intéresse au routage des requêtes et des transactions[3] dans les systèmes pair-à- pair avec méta-données. Il s'inspire des travaux effectués dans le projet Respire Workshop 2007[2]. Dans ce projet, l'équipe de recherche dispose d'une solution entièrement décentralisée pour le routage des requêtes et des transactions : un nombre important de routeurs partagent un catalogue contenant la description des données et des transactions traitées. Pour un accès cohérent au catalogue, ce dernier est géré par la version de base de JuxMem [3], qui est un logiciel de gestion de données. Cette version de base que nous appelons *JuxMem de base* utilise le verrouillage pour contrôler la lecture et l'écriture du catalogue ce qui a tendance à réduire les performances de la solution d'où la nécessité de l'améliorer mais aussi d'évaluer ses performances ; d'ailleurs des recherches sont en cours pour étendre les possibilités de *JuxMem de base* [4]. Pour plus de simplicité nous utilisons la nomination *JuxMem* dans tout le mémoire.L'objectif du présent stage est d'étendre ces travaux afin de pouvoir traiter les requêtes sur les méta-données plus rapidement. Il s'agit de concevoir une solution pour router une requête en évitant de lire une portion du catalogue

---

[2] De l'anglais Peer-to-Peer, un environnement pair-à-pair est un modèle de communications entre des ordinateurs, d'égal à égal. Ils peuvent tous envoyer et recevoir des données, être un client ou un serveur alternativement, ou les deux à la fois. On utilise aussi l'acronyme P2P.
[3] Nous définissons une requête comme étant un ensemble d'opérations à lecture seule et une transaction un ensemble d'opérations dont l'une au moins une écriture.

verrouillée par une transaction et de faire une étude de performances de la solution. Pour atteindre les objectifs fixés, nous avons divisé le présent travail en deux parties.

Dans la première partie, nous étudions les techniques de gestion de données et le routage des requêtes dans les systèmes pair-à-pair. Nous présentons notre contribution qui est constituée principalement d'une architecture de gestion de données et d'un algorithme de routage de requête portant sur ces données.

Dans la deuxième, nous présentons les réseaux de Pétri stochastiques bien formés que nous avons utilisés pour la modélisation de notre système. Nous y faisons une évaluation de ses performances avec le simulateur WNSIM de GreatSPN. Nous terminons par une conclusion sur notre travail et présentons quelques perspectives pour le futur.

Chapitre 1

Gestion des données dans les systèmes P2P

1. Introduction

Le pair-à-pair (P2P) fournit de nouvelles opportunités pour construire des systèmes de gestion de données distribuées à grande échelle. Contrairement au modèle client /serveur, le P2P est un environnement très dynamique où les pairs peuvent rejoindre ou quitter le réseau à tout moment. Ces systèmes pair-à-pair permettent de partager des ressources et des services entre les différents noeuds du système qui peuvent se comporter à la fois comme client et serveur.

Ceci offre des avantages importants comme la décentralisation du contrôle, l'autonomie des pairs et le passage à l'échelle (les performances ne se dégradent pas avec un grand nombre de pairs). Mais le support de services de gestion de données de haut niveau est difficile car les techniques de gestion de bases de données distribuées qui exploitent statiquement un schéma ne sont pas applicables. Nous avons besoin de nouvelles techniques qui soient décentralisées, dynamiques et adaptatives. C'est ainsi que nous avons eu à étudier des techniques proposées pour la gestion des données et le routage des requêtes dans les systèmes P2P.

Dans la section 2 qui suit, nous présentons quelques techniques proposées pour le routage des requêtes dans les systèmes P2P et avec la section 3 concluons ce chapitre.

2. Techniques de routage des requêtes

Un des principaux problèmes pour la gestion des données dans les systèmes P2P est le routage des requêtes aux pairs appropriés, c'est à dire ceux qui contiennent les bonnes données à manipuler. La requête est exécutée par ces pairs et les réponses sont renvoyées au pair initiateur de la requête.

Dans cette section, nous présentons *DHT*, *PinS* et *JuxMem* qui sont des systèmes P2P destinés à la gestion de grandes masses de données. Nous décrivons les approches qu'elles proposent pour le routage des requêtes.

2.1. DHT et routage des requêtes

Une des fonctionnalités de base mise en œuvre dans les réseaux logiques structurés est la Table de Hachage Distribuée (DHT).

2.1.1. DHT (Distributed Hash Table)

Une DHT [5][5bis] fournit une interface de table de hachage avec des primitives *put(clef, valeur)* et *get(clef)* qui permettent de stocker et de récupérer l'objet de la donnée correspondante à la clef, comme illustré dans la Figure1.1. Dans les systèmes basés sur une DHT, chaque pair possède un identifiant unique, appelé *nodeID*, choisi aléatoirement dans un espace d'identifiants. Des identifiants uniques appelés *clefs* (*KeyID*) sont aussi assignés aux objets de données. Chaque pair stocke les informations de localisation des objets de données (valeurs de données) correspondants à une collection de clefs. Chaque pair connaît également un certain nombre de pairs, appelés voisins, et maintient une petite table de routage qui associe les identificateurs de ses voisins aux adresses correspondantes. La plupart des opérations d'accès aux données se compose d'une localisation basée sur une clef, pour trouver l'adresse du pair qui contient les données recherchées, suivie d'une communication directe avec le pair en question. Dans la phase de localisation, plusieurs sauts peuvent être effectués selon les voisinages des noeuds.

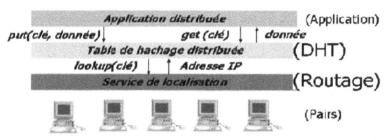

Figure 1.1 : Table de Hachage Distribuée

Les requêtes sont limitées à la recherche par clef. Cependant des recherches sont en cours pour étendre les possibilités de DHT à traiter des requêtes plus complexes comme les requêtes de jointure [6], les requêtes top-k [7], etc. D'ailleurs ces recherches ont déjà donné quelques propositions comme PinS [8], que nous allons d'ailleurs étudier dans les pages qui suivent.

2.1.2. Routage des requêtes dans les DHTs [9]

Les Tables de Hachage Distribuées (DHTs) fournissent une solution extensible et efficace pour la localisation des données dans les systèmes P2P. Bien qu'il y'ait différentes implémentations des DHTs, elles mappent une clef donnée à son pair responsable à l'aide d'une fonction de hachage. Les requêtes peuvent être efficacement routées pour trouver un pair responsable d'une clef, souvent avec O(log n) sauts, où n est le nombre de pairs dans le réseau.

La manière dont une DHT route une clef vers son pair responsable dépend de sa géométrie de routage, c'est à dire la topologie réseau utilisée par la DHT pour ordonner les pairs. Les géométries de routage dans les DHTs peuvent prendre différentes formes : *hypercube* pour *Pastry* [10], espace cartésien multi-dimensionnel dans *CAN* [12], anneau logique dans *Chord*, etc.

Dans ce qui suit, nous décrivons le routage dans deux types de P2P structurés les plus utilisés actuellement que sont Chord [11] et CAN [12].

2.1.2.1. Chord

Les nœuds situés sur le réseau Chord [11] forment un anneau de nodeIDs croissants sur m=160 bits. Une fonction de hachage régulière permet une distribution uniforme des nœuds sur l'anneau et du nombre de données par nœud. Le nœud responsable d'une donnée est celui qui a le plus petit nodeID supérieur ou égal à la clé KeyID de la donnée : il est alors appelé successeur de la donnée, *successeur (keyID)*.

- **Routage**

Pour permettre le routage des messages, les noeuds forment une liste simplement chaînée, donc chacun connaît uniquement son successeur. Les messages sont donc ainsi routés le long de l'anneau, tant que l'identifiant du noeud courant est inférieur à l'identifiant recherché. Dès qu'un noeud reçoit une requête pour une ressource d'identifiant immédiatement inférieur à lui, il sait qu'il est responsable de cette ressource. Un exemple est présenté à la figure 1.2, où le pair 8 effectue une recherche pour la clef 54. Le pair 8 appelle l'opération **trouve_*successeur* (keyID=54)**, qui retourne finalement le successeur de cette clef, c'est-à-dire le pair 56. La requête visite chaque pair sur le cercle entre le pair 8 et le pair 56. La réponse est retournée le long du chemin inverse. Ce routage "naïf" est cependant en *O(N)*.

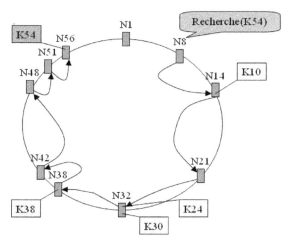

Figure 1.2 : Recherche naïve

La recherche est améliorée avec l'ajout d'une petite table, appelée ***table d'index (finger table)***. Il sert de raccourcis dans le routage. Dans ce contexte, sur un anneau de N nœuds avec un espace de clefs compris dans l'intervalle [0, 2^m [, chaque nœud maintient:

> ➤ un pointeur vers le prédécesseur immédiat,
> ➤ une table de raccourcis vers **m** nœuds (table de routage),
> ➤ et une liste des **r = O (log(N))** successeurs.

Le pointeur vers le prédécesseur est utilisé pour la maintenance dynamique du réseau. La table de raccourcis permet d'accélérer le routage : chaque nœud *n* de cette table se voit doté d'une entrée vers les nœuds de clef successeur ($n + 2^{i-1}$) avec $1 \leq i \leq$ m. Une entrée de la table d'index comprend à la fois l'identifiant et l'adresse IP couplée avec le numéro de port du pair. La Figure 1.3 montre la table d'index du pair 8 pour m=6. La première entrée pour ce pair pointe sur le pair 14, comme celui-ci est le premier pair qui succède ($8 +2^0$) modulo 2^6 = 9. De même, le dernier index du pair 8 pointe sur le pair 42, c'est-à-dire le premier pair qui succède ($8+2^5$) modulo 2^6 = 40. Enfin, si le successeur immédiat du nœud *n* est en panne, alors le nœud *n* se sert de la liste de successeurs pour réparer sa table de routage en contactant un autre successeur vivant.

L'algorithme de routage est la suivante :

1. Rechercher si la clef existe localement. Si oui on renvoi la valeur associée sinon
2. Rechercher dans la table de routage du nœud avec la plus grande valeur inférieure ou égale à la clef cherchée.
3. Transmettre la requête au nœud sélectionné et appliquer l'algorithme récursivement.

Ainsi, Chord permet d'avoir un réseau décentralisé, et le routage s'effectue en moyenne avec **O(log(N))** sauts.

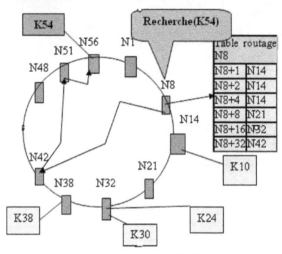

Figure 1.3 : Routage avec table d'index

2.1.2.2. CAN

Les nœuds du réseau CAN [12] reposent sur un espace de coordonnées cartésiennes de dimension *d*, sans rapport avec les coordonnées physiques des nœuds. Tout l'espace CAN est dynamiquement partagé entre les nœuds du réseau, de telle sorte que chaque nœud possède sa propre zone distincte à laquelle sont rattachés des paires (clé, valeur). Deux nœuds sont voisins si leurs coordonnées se recouvrent sur *d−1* dimensions et sont contiguës sur une dimension. Dans l'exemple de la figure 1.4, le nœud 5 est voisin du nœud 1 car sa zone de coordonnées chevauche celle du nœud 1 le long de l'axe Y et elle lui est contiguë le long de l'axe X. Par contre, le nœud 6 n'est pas un voisin du nœud 1 car ses zones de coordonnées sont contiguës sur les deux axes X et Y.

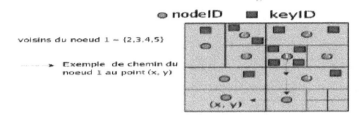

Figure 1.4 : Exemple de réseau CAN d'espace 2-d

- **Routage**

Pour un réseau CAN de dimension d et N nœuds, chaque nœud CAN maintient une table de routage qui contient les adresses IP et les coordonnées virtuelles de **2d** voisins.

Un message de CAN inclut les coordonnées de destination. Suivant les coordonnées de ses voisins, un pair route un message vers sa destination en utilisant une simple transmission greedy au pair voisin qui est le plus proche des coordonnées de destination. En effet, pour retrouver un pair propriétaire du point P responsable d'une clef K, n'importe quel pair peut mapper la clef K au point P grâce à une fonction de hachage déterministe et ensuite récupérer la valeur correspondante V du point P. Si le pair demandeur ou ses voisins immédiats ne sont pas propriétaires du point P, la requête doit être routée à travers l'infrastructure de CAN jusqu'à ce qu'elle atteigne le pair où se trouve le point P.

La table de routage de CAN permet un routage efficace entre les points de son espace de coordonnées avec en moyenne $(\mathbf{d/4})(\mathbf{N^{1/d}})$ sauts.

L'avantage de cette technique est qu'elle permet une gestion flexible des systèmes distribués à large échelle. Elle fournit également une localisation efficace des objets en donnant leurs clefs. De plus, elle favorise le passage à l'échelle. Par contre, l'inconvénient majeur des DHTs est qu'elles travaillent généralement avec des données non modifiables. Ainsi, il existe peu de DHTs utilisant des données modifiables. On peut citer comme exemple celle qu'utilise Ivy [13] qui est un système de fichiers pair-à-pair en lecture/écriture. De plus, la distribution des objets et les requêtes de localisation sont basées sur une clef. De ce fait, le processus de routage ne peut pas être utilisé pour les requêtes sémantiques comme SQL.

2.2. PinS et routage des requêtes

Les systèmes DHT ne fournissent pas, dans leur configuration de base, des fonctions de recherche par mot clef ou des requêtes comparatives et multi-attributs. Ils fournissent seulement l'accès aux objets en donnant leurs clefs. Plusieurs requêtes puissantes sont difficiles à manipuler puisque le critère de distribution des objets entre les pairs est basé sur la clef. Par conséquent, le processus de routage ne peut pas être utilisé pour résoudre des requêtes sémantiques. La plupart des solutions proposées pour améliorer les capacités d'interrogation sont basées sur des fonctions de hachage spéciales ou sur un niveau additionnel des pairs. Ainsi, on présente un intergiciel, nommé PinS, pour améliorer l'accès des données dans les systèmes P2P basés sur une DHT.

2.2.1. Architecture de PinS

PinS [8] est un intergiciel qui peut être employé avec n'importe quelle DHT offrant des fonctions des couches de DSS et DLS. En effet, du point de vue de PinS, les principales fonctionnalités de DHT sont classées dans les deux couches suivantes:

> DLS (Distributed Lookup Service) : utilisée dans le processus de routage, elle fournit des mécanismes efficaces pour trouver des pairs sur un système distribué.
> DSS (Distributed Storage Service) : elle est responsable de l'administration des objets stockés : insertion, migration, etc.

La Figure 1.5 montre l'architecture globale du système.

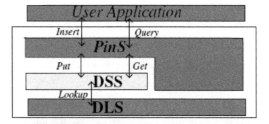

Figure 1.5 : Architecture globale du système avec PinS

PinS fonctionne avec les méta-données des objets. Ainsi, les données partagées peuvent être de n'importe quel type d'objet qui peut être identifié et décrit par ses méta-données. Une telle méta-donnée est simplement composée par des tuples <attribut, valeur>.
Par l'intermédiaire de son interface, PinS prend en charge des enregistrements de données et de méta-données à l'aide du DSS. Le processus d'enregistrement implique la création de données de localisation (**location data**) spécifiques basées sur l'information donnée < attribut, valeur>. Ces informations sont distribuées sur plusieurs pairs.

Le service de requête de PinS permet à des utilisateurs de formuler des requêtes déclaratives avec des termes de la forme *attribut opérateur valeur*. L'opérateur utilisé dans un terme peut être =, <=, >= et like. Les termes utilisant ces opérateurs s'appellent **EqTerm**, **IneqTerm** et **LikeTerm** respectivement.

Une requête de localisation (**location query**) est une conjonction ou une disjonction de termes. Les réponses fournissent l'information de localisation d'objet. Les utilisateurs peuvent alors décider quels pairs contacter pour récupérer les objets.

PinS propose trois niveaux de service (voir le schéma 1.6), *Dependent, Intermediate* et *Independent*, offrant tous l'enregistrement de données et de méta-données mais diffèrent dans leurs capacités de traitement de requêtes, d'indexation et dans les tâches déléguées aux couches DSS et DLS.

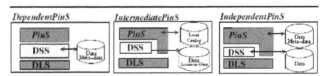

Figure 1.6 : Niveaux de services de PinS

- Le service *DependentPinS* supporte un sous-ensemble du langage de requête : conjonctions et disjonctions d'*EqTerms*. Le système fournit des réponses complètes.

- Le service *IntermediatePinS* étend le service précédent en intégrant *IneqTerms* et *LikeTerms*. Des réponses complètes ou partielles sont fournies. Des catalogues locaux « **local catalogs** » contenant des copies des fragments des données de localisation sont présentés.

- Le service *IndependentPinS* est le niveau de service le plus puissant. Il améliore *IntermediatePinS* de plusieurs manières :
    - ✓ Le langage d'interrogation complet de PinS est supporté d'une manière efficace : des requêtes de comparaison sont optimisées et supportées d'une manière générale en employant un arbre binaire (B-tree) [14] dans le processus de localisation.
    - ✓ La localisation d'objet peut être personnalisée afin de fournir des contraintes d'accès. Des objets privés et publics peuvent être contrôlés et sont accédés d'une manière uniforme par les requêtes.
    - ✓ Des méta-données et des attributs peuvent être personnalisés. Des attributs personnalisés peuvent être présentés par des utilisateurs comme un complément aux attributs communs prédéfinis. De tels attributs sont

considérés en tant que dynamique et peuvent indexer les objets partagés publics et privés.

2.2.2. Routage des requêtes dans PinS

PinS est destiné aux systèmes P2P sous DHT mais est indépendant de sa structure de routage. En effet, quand les méta-données sont universelles et utilisent les mêmes noms d'attributs et de valeurs, on peut les indexer et les interroger de façon efficace en s'appuyant sur une DHT. Le système PinS suit cette approche en la complétant par l'utilisation de catalogues locaux et d'index distribués adaptés pour le traitement de requête de type "**attribut opérateur valeur**".

- **Routage**

Il se fait en deux étapes :

✓ *choix d'un coordinateur* : quand une requête arrive, IntermediatePinS choisit un coordinateur de requête. Le pair d'accès peut être coordinateur ou peut déléguer la coordination à un des pairs de localisation. Les pairs de localisation stockent les données de localisation correspondantes aux termes de la requête. N'importe quel pair peut jouer plusieurs rôles : pair d'accès, de localisation et /ou de stockage. Les métriques pour choisir un coordinateur peuvent être le pair le plus proche au pair d'accès ou le pair au point moyen entre tous les pairs de localisation ;

✓ *décomposition de la requête* : la décomposition peut être basée sur le type des termes (<=, >=, like, =) ou sur le nombre de termes assigné à un pair. Le coordinateur peut effectuer une recherche locale en intégrant le catalogue local ou décomposer la requête initiale. Il contacte les autres pairs de localisation, délègue à chacun une partie de la requête et calcule les réponses finales.

Le routage des différents termes est amélioré par IndependentPinS par l'inclusion d'un index basé sur les B-arbres [14]. En effet, un index sur un attribut A est créé sur le pair relatif á l'attribut A. Un tel pair s'appelle le pair de stockage d'attribut. Les index stockent les informations indépendantes des objets de localisation. Ceci permet une recherche où seulement des pairs avec des objets satisfaisant les termes de la requête sont contactés. Un nœud du B-arbre se compose par les valeurs d'attribut et les identificateurs de termes contenant ces valeurs, voir la Figure 1.7. Ainsi, La localisation des identificateurs de termes satisfaisant la requête est faite par l'utilisation de l'algorithme de recherche du B-arbre.

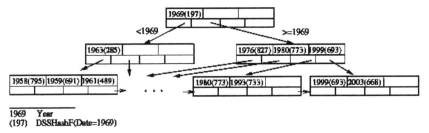

Figure 1.7 : B-arbre sur l'attribut date

L'intérêt majeur de PinS est qu'il fournit un langage de requête de localisation complet de haut niveau pour les systèmes distribués à large échelle. Il fonctionne avec les méta-données décrivant les objets et permet un accès rapide et cohérent à celles-ci. Enfin PinS augmente la disponibilité des données et méta-données avec la réplication et les catalogues locaux. Par contre, puisque PinS emploie la fonction de hachage du DSS, les données partagées sont non modifiables.

2.3. JuxMem : accès à des données distribuées

JuxMem (pour *Juxtaposed Memory*)[3] est une architecture hiérarchique constituée d'une fédération de *grappes (cluster en anglais)*[4] fondée sur une approche P2P dont l'objectif est de servir de support à la mise en œuvre d'un *service de partage de données*[5] modifiables. En effet, cette architecture présente des caractéristiques intermédiaires situées entre celles visées par les systèmes suivants:

✓ *les systèmes à mémoire virtuellement partagée (MVP)* qui proposent des modèles et protocoles de cohérence permettant la gestion efficace et transparente de données modifiables à petite échelle ;

✓ *les systèmes pair-à-pair* qui fournissent des mécanismes de gestion de données non modifiables à très grande échelle, en environnement très volatile.

---

[4] Groupes d'ordinateurs utilisés pour former de gros serveur. Chaque machine est un nœud du cluster, l'ensemble est considéré comme une seule et unique machine.

[5] Service dont la fonctionnalité est de fournir l'illusion d'un espace mémoire global pour le partage cohérent de blocs de données entre différents processus applicatifs.

Nous nous intéressons aux mécanismes d'accès transparent aux données partagées. Dans ce qui suit, nous présentons brièvement l'architecture de JuxMem, puis nous présentons ses mécanismes pour l'accès transparent aux données partagées.

2.3.1. Architecture de JuxMem

La Figure 1.8 illustre la hiérarchie des entités présentes dans l'architecture de JuxMem. Elle se compose d'un réseau de groupes de pairs (groupes cluster A, B et C), qui correspondent généralement au niveau physique à des grappes de machines. Pour pouvoir communiquer entre eux, l'ensemble des groupes est englobé dans un groupe plus large qui inclut l'ensemble des pairs (groupe Juxmem). Chaque groupe cluster regroupe trois entités spécifiques : les processus (pairs) qui utilisent le service, appelés *clients*, ceux qui offrent de l'espace mémoire pour le stockage des données, appelés *fournisseurs*, et enfin celui qui est responsable de la gestion des zones mémoires disponibles au sein du groupe, appelé *gestionnaire*.

L'interconnexion s'effectue comme suit : chaque gestionnaire dispose d'une *vue locale* des autres gestionnaires présents dans le groupe Juxmem. En revanche, les clients et les fournisseurs sont connectés à un gestionnaire de leur choix par un mécanisme d'*abonnement* qui permet aux clients d'utiliser le service et aux fournisseurs de l'offrir.

Un abonnement n'est valide que pour une certaine période de temps et doit être régulièrement renouvelé par les fournisseurs et les clients. Enfin, dans un réseau Juxmem chaque entité fait à la fois partie du groupe global Juxmem et d'un groupe cluster.

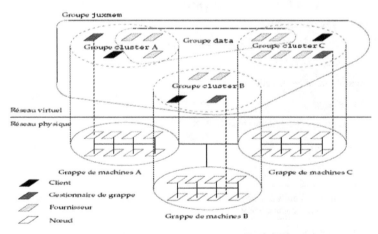

Figure 1.8 : Architecture de JuxMem

Il est à noter qu'un processus peut être à la fois gestionnaire, client et fournisseur. Toutefois sur la Figure 1.8, et pour plus de clarté, chaque pair ne joue qu'un seul rôle.

Par ailleurs, JuxMem englobe un autre groupe: le groupe appelé DATA qui définit l'ensemble des fournisseurs qui hébergent une copie d'une même donnée partagée.

Ce type de groupe peut s'étendre sur un ou plusieurs groupes cluster. En effet, une donnée peut être accédée depuis plusieurs sites (A et C dans notre exemple). Le rôle d'un groupe DATA est de s'occuper de la gestion de la cohérence de la donnée associée. Enfin, il faut noter que l'architecture de JuxMem est dynamique puisque des groupes de type DATA et cluster peuvent être créés durant l'exécution du système. Ainsi, pour chaque bloc de donnée introduit dans le système, un groupe de type DATA est automatiquement instancié.

2.3.2. Accès aux données partagées

L'allocation d'une zone mémoire par un client se traduit par la création d'un groupe DATA. L'identifiant de ce groupe est retourné au code applicatif en sortie de l'appel à la primitive *alloc()*. De plus, il est publié par l'ensemble des fournisseurs du groupe DATA de la donnée, à la fois dans le groupe Juxmem, mais également dans le ou les groupes cluster ayant une intersection avec ce groupe DATA. L'objectif de cette publication est de rendre la donnée accessible à d'éventuels autres clients. Ainsi lors d'un appel à *map()*, le service de partage de données va de manière automatique et transparente localiser la donnée désignée par son identifiant.

L'algorithme utilisé pour la localisation d'une donnée dans JuxMem s'effectue en trois temps.

1. Une recherche *locale* est lancée dans le groupe cluster dont dépend le client qui souhaite accéder à la donnée. En effet, lorsqu'un client accède à une donnée, il publie l'identifiant de la donnée dans le groupe cluster auquel il est abonné. L'objectif est de trouver une copie proche pour optimiser le temps d'accès à une donnée.

L'algorithme ne se bloque pas en attente d'une éventuelle réponse par un client ou un fournisseur.

2. De même, une recherche *globale* est lancée dans le groupe JuxMem. L'objectif est de trouver un ou plusieurs fournisseurs hébergeant une copie de la donnée, et cela quelque soit la localisation de ces copies dans le réseau Juxmem.

3. Enfin, l'algorithme se bloque jusqu'à recevoir une réponse par l'une ou l'autre des recherches. Lorsqu'une réponse est reçue, la primitive *map()* retourne au processus applicatif un pointeur sur la zone de la mémoire locale où se trouve une copie de la

donnée. Si aucune réponse n'est reçue au bout d'un certain temps, par défaut de 10 secondes, la primitive retourne la valeur nulle.

Chaque bloc de données est répliqué sur un certain nombre de fournisseurs pour une meilleure disponibilité. Il faut donc assurer la cohérence entre ces copies. Ainsi, les différentes copies de ce bloc de données sont simultanément mises à jour lors de toute opération de modification. Les clients ne sont pas informés des modifications. Ainsi, le résultat d'une lecture à un instant t1, peut ne pas être valide à un temps t2 > t1.

Cette distinction permet de gérer un grand nombre de clients accédant à un petit nombre de copies d'un bloc de données. La gestion de la synchronisation entre les clients repose sur un mécanisme de verrou, par utilisation des opérations *lock* et *unock* pour verrouiller et déverrouiller respectivement une donnée. Notons qu'il existe deux niveaux de verrouillage : un en mode partagé pour les lectures et un autre en mode exclusif pour les écritures.

Cette architecture fournit un service de partage de données modifiables pour un système distribué à large échelle. En effet, avec l'aide des gestionnaires, des fournisseurs et du groupe DATA, on a une disponibilité et une localisation efficace des données. De plus, cette architecture permet une extensibilité accrue du système, puisqu'au niveau supérieur de la hiérarchie, une grappe de machines est représentée par une entité unique : le groupe de pairs associé. Mais une équation demeure dans la gestion des accès (Lecture/Ecriture) concurrents avec l'utilisation de verrous forts sur les blocs de données partagés.

3. Conclusion

Dans ce chapitre, nous nous sommes particulièrement intéressés à différentes solutions d'accès à des données distribuées et à leurs principes de fonctionnement.

Les systèmes P2P sous DHT décrits ci-dessus fournissent une gestion convenable des données d'un système distribué à large échelle. Ils sont efficaces dans les recherches par clef mais ne manipulent pas de données modifiables et ne fournissent pas, dans leur configuration de base, un langage de requête de haut niveau pour localiser les données stockées. En fait, la plupart des solutions proposées pour améliorer les capacités d'interrogation sont basées sur des fonctions de hachage spéciales ou comptent sur des pairs distingués.

PinS propose un ensemble de fonctionnalités pour améliorer le partage de données sur des systèmes P2P sous DHT. Des méta-données sont associées aux objets partagés. Les requêtes de localisation peuvent être des conjonctions ou des disjonctions de termes (attribut opérateur valeur) incluant des opérateurs de comparaison (=, <=, => ou like). Les utilisateurs peuvent spécifier quelques contraintes d'évaluation s'ils veulent des réponses complètes ou partielles. PinS utilise des attributs prédéfinis ou personnalisés pour décrire les objets.

De plus, PinS autorise plusieurs stratégies d'exécution de requêtes et adopte des techniques de bases de données, par exemple : la fragmentation et l'indexation, pour améliorer le support des requêtes de comparaison et fournir de nouvelles fonctionnalités. PinS est destiné aux systèmes P2P sous DHT mais est indépendant de leur structure de routage, il interagit seulement avec les couches de DSS et DLS sous jacentes. PinS a trois niveaux de service : *Dependent, Intermediate* et *Independent*. Chaque niveau offre plus de fonctionnalités que le précédent, et accède au DSS et au DLS de différentes manières. Par contre, comme les DHTs, les données partagées sont non modifiables.

JuxMem, quant à lui, définit une architecture qui fournit un service de partage de données modifiables pour un système distribué à large échelle. En effet, avec l'aide des gestionnaires, des fournisseurs et du groupe DATA, on a une disponibilité et une localisation efficace des données. De plus, cette architecture permet une extensibilité accrue du système, puisqu'au niveau supérieur de la hiérarchie, une grappe de machines est représentée par une entité unique : le groupe de pairs associé. JuxMem permet l'allocation de zones mémoires au sein des machines constituant une grappe. Ce qui explique l'utilisation d'identifiants pour les zones d'allocation. Ainsi, *la localisation et le transfert des données sont transparents vis-à-vis des applications* puisqu'il suffit de spécifier leurs identifiants pour y accéder et les manipuler. Cependant une équation demeure dans la gestion des accès (Lecture/Ecriture) concurrents avec l'utilisation de verrous forts sur les blocs de données partagés.

Le tableau suivant fournit un récapitulatif afin d'avoir une vue d'ensemble des solutions pour l'accès aux données distribuées en fonction de leurs avantages et inconvénients.

	DHT	PinS	JuxMem
Échelle	P2P	P2P	Grille, P2P
Type de données gérées	Peu modifiable	Peu modifiable	Modifiable
Routage	Basé sur un identifiant	Basé sur des termes (attribut opérateur valeur)	Basé sur un identifiant
Complexité des requêtes	Appel de fonctions (services)	Langage de requête de localisation de haut niveau	Appel de fonctions (services)
Accès concurrents	Mauvaise gestion de la concurrence	Mauvaise gestion de la concurrence	Verrou « fort » avec possibilité de faire des lectures parallèles

Nous constatons que les solutions proposées ne sont pas tout à fait efficaces pour la gestion de notre catalogue à cause de différentes raisons :

- Les systèmes sous une DHT (sauf quelques uns comme Ivy) peuvent bien gérer les opérations de lecture et d'écriture des données des bases de données classiques mais ne gèrent pas les opérations de mise à jour au niveau des méta-données. En effet, ces dernières constituent le dictionnaire des données partagées et elles ont besoin comme dans les bases de données classiques d'être accédées et modifiées pour des mises à jour. Ce que malheureusement la plupart des DHTs ne peuvent pas accomplir car elles utilisent une fonction de hachage pour distribuer et localiser les objets partagés. Ce qui empêche la modification des méta-données pour gérer notre catalogue.
- PinS emploie les fonctionnalités d'une DHT. Ainsi, pour les mêmes raisons évoquées ci-dessus, il ne peut pas gérer les transactions faisant des mises à jour.
- En ce qui concerne JuxMem, l'utilisation de verrous forts est principalement son véritable problème.

Nous nous sommes basés sur cette approche comparative pour proposer une solution de gestion efficace du fonctionnement d'un catalogue. Prenant en compte le fait qu'aujourd'hui la plupart des applications Web 2.0[6] font plus de lectures de données que d'écritures (eBay[15], Flickr[16], FaceBook[17]…), nous avons tenus à accélérer le traitement des requêtes de lectures.

Pour ce faire, nous proposons un système de gestion de données reposant sur JuxMem qui gère effectivement les mises à jour et permet donc d'assurer la cohérence des données. Cependant, contrairement à ce dernier qui utilise des verrous garantissant une cohérence forte, nous relâchons celle-ci pour les lectures. De ce fait, nos requêtes de lecture tolèrent un certain degré de fraîcheur donné et gagnent en terme de temps de traitement. Le chapitre qui suit présente notre proposition.

---

[6] L'expression Web 2.0 a été proposée pour désigner ce qui est perçu comme un renouveau du World Wide Web. L'évolution ainsi qualifiée concerne aussi bien les technologies employées que les usages. En particulier, on qualifie de Web 2.0 les interfaces permettant aux internautes d'interagir à la fois avec le contenu des pages mais aussi entre eux, faisant du Web 2.0 le web communautaire et interactif (*wikipédia*).

Chapitre 2

Notre contribution

1. Introduction

Dans notre précédent chapitre, on a présenté des techniques de routage de requêtes dans trois systèmes que sont : les DHT [5], PinS [8], et JuxMem [3]. Nous avons vu que toutes les trois technologies présentent des limites qui font défaut à la bonne gestion de notre catalogue contenant les méta-données d'objets partagés. Il devient alors nécessaire de trouver un nouveau modèle assurant le fonctionnement de notre catalogue afin de mener efficacement et rapidement les requêtes. Ce qui nous amène à proposer dans ce chapitre une nouvelle architecture pour gérer notre catalogue qui doit être accédé rapidement et de manière cohérente.

Cette architecture a pour objectif majeur de bien gérer le fonctionnement du catalogue pour router plus rapidement les requêtes. Nous utilisons JuxMem pour la gestion des données. Cependant nous répliquons nos données afin de séparer le plus possible le traitement des transactions de celui des requêtes. Ainsi nous pourrions mieux amoindrir l'impact du verrouillage exclusif posé par les transactions qui avait tendance à bloquer les requêtes sur JuxMem.

Avant de présenter en détail l'architecture de notre système, nous présentons d'abord les hypothèses que nous avons fixées pour notre étude, ensuite nous décrivons l'architecture que nous proposons et enfin nous montrons nos mécanismes pour gérer la cohérence de notre catalogue répliqué.

2. Nos hypothèses

➢ Nous supposons qu'on a une réplication asynchrone qui tolère un certain niveau de divergence entre les répliques. Un tel modèle de réplication est très utilisé aujourd'hui par les systèmes distribués [18]. Nous faisons une distinction entre une requête qui lit simplement les méta-données du catalogue répliqué et une transaction qui modifie les méta-données du catalogue.

> ➢ Et enfin nous supposons que l'activité de mise à jour des méta-données est faible par rapport à celle d'interrogation.

Ces hypothèses nous permettent de mieux cadrer notre travail. En effet, comme nous l'avons déjà dit, nous tenons à accélérer davantage les requêtes de lecture qui sont bloquées par celles qui font des écritures grâce aux mécanismes de verrouillage exclusif. Notre travail s'inscrit donc dans le contexte des applications Web 2.0 qui font plus de lectures de données que d'écritures (eBay [15], Flickr [16], FaceBook [17]…).

3. L'architecture de notre système

L'architecture proposée s'inspire des travaux faits dans [2]. Ces travaux présentent un système de base de données à large échelle (i.e. réparti au-dessus d'un réseau à large échelle ou P2P). Ils utilisent le système JuxMem pour la gestion des méta-données de leur base de données. La figure suivante présente l'architecture de leur système :

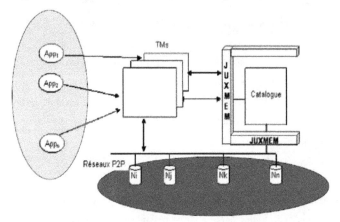

Figure 2.1 : Architecture des travaux faits dans [2]

● Description de l'architecture des travaux faits dans [2] :

✓ **App_k** : c'est un noeud demandant un service, un client.

✓ **TM** (Transaction Manager ou routeur) : sa principale fonctionnalité est d'acheminer les transactions des applications clientes vers les nœuds DB. Lorsqu'il reçoit une transaction d'un utilisateur, il choisit, en fonction des charges et fraîcheurs (et éventuellement d'autres paramètres), le nœud DB le plus adéquat pour traiter la requête du client. Ce routage est basé sur la notion de fraîcheur[7].

✓ **Catalogue** : c'est le catalogue principal stockant les méta-données. Il est géré par le système JuxMem.

✓ N_i : c'est un noeud DB. Il stocke localement une réplique, partielle ou entière, de la base de données avec un SGBD.

• Fonctionnement du système de routage dans [2] :

Le système fonctionne comme suit : un noeud client se connecte à un TM et lui envoie sa transaction. Le TM analyse la transaction afin de savoir à quelle partie de la base elle veut accéder. Il identifie par la suite l'ensemble des nœuds DB stockant une réplique des données sollicitées. Il en choisit le plus optimal (i.e. le noeud avec le coût d'exécution le plus faible) en se basant sur les informations stockées dans le catalogue géré par JuxMem (ce dernier prend en charge la cohérence des méta-données grâce à son mécanisme de verrou). Et enfin il route la transaction vers le noeud DB choisi pour que celui-ci fasse son exécution. Après l'exécution, le nœud DB envoie directement les résultats au noeud client qui avait envoyé la requête et un message au TM pour lui faire part de la bonne terminaison de la transaction.

Notons que, dans ce système, une requête est un couple d'objets constitué par la requête elle-même et le degré d'imprécision, le manque de fraîcheur, qu'elle peut tolérer.

L'utilisation du verrouillage par JuxMem pour contrôler la lecture et l'écriture sur le catalogue a tendance à réduire les performances des accès. De ce fait, dans notre contexte, les mécanismes de verrou, bien qu'assurant la cohérence des méta-données, constituent une limite pour ces travaux.

Notre contexte est celui des applications Web 2.0 qui font plus de lectures de données que d'écritures (eBay [15], Flickr [16], FaceBook [17]…). Dans ce contexte, les lectures n'exigent pas toutes une fraîcheur maximale des données à lire. Donc on peut relâcher la cohérence pour les lectures. Cependant, avec JuxMem, les verrous exclusifs des écritures ralentissent les lectures dans le cas où ces dernières n'exigent pas autant de fraîcheur. Pour palier à ce problème, dans notre nouvelle architecture, nous répliquons nos données afin de séparer le plus possible le traitement des transactions (les écritures) de celui des requêtes (les lectures).

---

[7] Le critère de fraîcheur permet de spécifier que les informations fournies par une base de données soient les plus récentes possibles par rapport à un niveau fixé.

Ainsi nous pourrions mieux amoindrir l'impact du verrouillage exclusif posé par les transactions qui avait tendance à bloquer les requêtes sur JuxMem.

Ainsi, notre architecture comporte en plus des composants de la figure 2.1, un nouveau module intégré dans les routeurs et la réplique du catalogue nommée *R_catalogue*, gérée toujours par JuxMem. Les routeurs sont organisés en forme d'anneau. Ce choix d'organisation est fait pour éviter un nombre élevé de messages dans les communications des routeurs.

La figure suivante présente l'architecture de notre système avec ses différents composants :

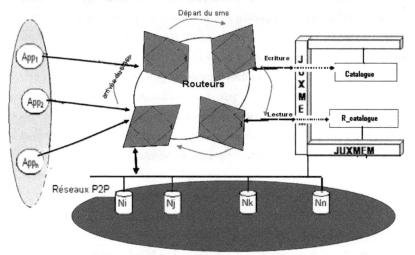

Figure 2.2 : Architecture de notre système

Dans la suite, nous nous intéressons particulièrement au R_catalogue et au nouveau module des routeurs devant permettre un accès rapide aux méta-données tout en gérant leur cohérence.

Le fonctionnement du système reste en majeur partie inchangé par rapport à celui précédemment présenté. Cependant, malgré le fait que le catalogue soit toujours confié à JuxMem, c'est notre nouveau module qui contrôle les accès aux deux « catalogues ». En effet, situé en amont du système JuxMem, il laisse à ce dernier la gestion de la cohérence des méta-données avec son mécanisme de verrou et il se charge de l'optimisation des accès au catalogue. Pour ce faire, il dirige les transactions vers le catalogue principal et les requêtes vers la réplique du catalogue. A chaque demande d'accès au catalogue, le routeur via le nouveau module regarde s'il s'agit d'une lecture ou d'une écriture. Ainsi deux cas s'offre à nous :

> ➤ dans le cas d'une requête, le routeur l'envoie au R_catalogue avec le degré d'imprécision toléré par la requête. Si le degré toléré est respecté, on peut lire directement sur la réplique du catalogue. Et la réponse est renvoyée au routeur. Sinon, on met à jour la réplique du catalogue avant de lancer la requête. La section 4 ci-dessous expose les mécanismes mis en place pour assurer cette mise à jour.

> ➤ si par contre c'est une transaction, elle est envoyée au catalogue principal.

Pour plus de rapidité du routage, on peut adopter une approche qui consiste à garder toutes les transactions dans les routeurs et à les envoyer une à une au catalogue après notification aux routeurs du bon déroulement d'une transaction. Ceci permettra d'éviter une attente des lectures au niveau du catalogue quand on veut rafraîchir le R_catalogue. En effet, il n'y aura pas beaucoup de demandes de verrous en mode exclusif en attente au niveau du catalogue principal.

On peut aussi appliquer des priorités aux lectures quand on a plusieurs requêtes de lecture sur le R_catalogue. On exécute les lectures par ordre de grande priorité. Cette priorité peut être définie par rapport au degré d'imprécision. Ainsi, celles qui nécessitent le moins de rafraîchissement pourront passer en premier. Cependant, on définira un délai d'attente maximal pour les requêtes de plus petites priorités pour qu'elles ne demeurent pas indéfiniment insatisfaites.

4. Rafraîchissement du R_catalogue

La réplication [19] permet la gestion de plusieurs copies pouvant diverger à un instant donné, mais convergeant à terme vers les mêmes valeurs [1]. Les motivations consistant à effectuer une réplication sont essentiellement l'amélioration des performances et l'augmentation de la disponibilité des méta-données. Cela ne va pas sans problème car il faut assurer une bonne convergence des copies et fournir une gestion transparente aux utilisateurs. D'où la nécessité de garantir une diffusion des mises à jour, rafraîchissements, aux copies et le choix de la meilleure copie lors des accès.

Comme nous l'avons déjà expliqué, nous rafraîchissons la réplique du catalogue, le R_catalogue, à chaque fois que le besoin se fait sentir. Ce besoin est dicté par le degré d'imprécision toléré par les requêtes (lectures). En effet, une requête n'est exécutée que si le

R_catalogue satisfait son degré d'imprécision toléré (i.e. la fraîcheur du R_catalogue est acceptable pour la requête). Dans le cas contraire, la requête est mise en attente et les méta-données du R_catalogue rafraîchies.

Le degré de fraîcheur de la réplique du catalogue est mesuré par rapport au catalogue principal. Il correspond au nombre d'écritures ou transactions faites sur le catalogue principal et non encore reproduites sur la réplique. Des compteurs n_i sont utilisés pour dénombrer le nombre de modifications non reproduites de chaque objet, granule g_i, du catalogue.

Pour lancer le rafraîchissement (exigé par une requête), le routeur ayant reçu la requête la bloque. Il envoie un message pour bloquer les transactions et requêtes à traiter sur le catalogue par les autres routeurs. Ce message est lancé suivant le sens décrit sur l'anneau formé par les différents routeurs. Si le message revient au routeur initiateur, il sait que tous les autres routeurs sont bloqués et il peut faire tranquillement la mise à jour du R_catalogue. A la fin de la mise à jour, le routeur envoie un autre message aux autres routeurs pour qu'ils se débloquent et reprennent leurs activités.

On peut alternativement fixer un délai d'attente maximal à la fin duquel les autres routeurs reprennent leurs activités sans attendre la réception d'un message de déblocage.

- **Fonctionnement des algorithmes proposés**

  Nous avons déjà parlé de nos procédures de lecture et d'écriture sur les deux catalogues, les algorithmes ci-dessous permettent de les mettre en œuvre.

1. **Demande d'écriture sur le catalogue :** est une demande faite par un pair (routeur) quelconque. Si l'écriture sur une granule g_i est valide alors on incrémente le compteur n_i correspondant qui décompte le nombre de fois que la granule a été modifiée.

```
//écriture sur le catalogue
Envoi_Ecriture_cat (Tᵢ : Transaction, gᵢ : granule) {
        Si (Ecriture_cat (Tᵢ, gᵢ)) est valide alors
                Incremente_compteur (T₁, T₂, gᵢ) ;
}

//demande d'écriture sur le catalogue
Envoi_Ecriture (Tᵢ : Transaction, gᵢ : granule, requête : type_requete) {
        Si (requête= ''transaction'') alors
                Envoi_Ecriture_cat (Ti, gᵢ) ;
}
```

> ➢ **Incremente_compteur (T$_1$: tableau de granules, T$_2$: tableau de compteurs n$_i$, g$_i$: granule)**, est une fonction qui, à chaque modification d'une granule g$_i$, incrémente le compteur n$_i$ associé.

2. **Demande de lecture sur le R_catalogue :** est une demande de lecture sur le R_catalogue. Comme expliqué plus haut, on ne lit une granule que si sa fraîcheur est acceptable pour la requête. Sinon, on arrête toutes les autres transactions et on met à jour le R_catalogue en décrémentant aussi le compteur du nombre d'écritures transférées.

```
//demande de lecture sur le R_catalogue
Envoi_Lecture_R_ca (R_i : Requête, g_i : granule, N : entier){

n_i = trouver_ n_i(T_1, T_2, g_i) ; //recherche du degré d'imprécision n_i correspondant à la granule g_i

Si (n_i <= N) alors
        Valider_Lecture (R_i, g_i, N) ; // validation de la lecture
Sinon {
        Mise_en_Attente (R_i, g_i, N) ;
        //envoyer un signale d'attente au pair suivant le pair initiateur
        Signale_Attente (id, g_i) ;
        //le pair lecteur reçois le message qui a fait le tour du cercle des routeurs
        Si Receive_Attente (g_i, id) alors
        Tant que ((j = n_i −N) <>0) Faire {
                Envoi_Lecture_cat (R_i, g_i) ; //lecture de la dernière version de la donnée
                Si (Envoi_Ecrire_R_ca (T_i, g_i)) est valide alors
                        Decremente_compteur (T_1, T_2, g_i) ;
        Décrémenter(j);}
Envoi_Lecture_R_ca (R_i, g_i , N) ;

} }
```

> ➢ **Valider_Lecture (R$_i$: requête, g$_i$: granule, N : imprécision tolérée)**, validation de la lecture après vérification de l'imprécision de la granule lue.
> ➢ **Mise_en_Attente (R$_i$: requête, g$_i$: granule, N : imprécision tolérée)**, mise en attente de la requête R$_i$ car l'imprécision de la granule g$_i$ n'est pas acceptée.
> ➢ **Signale_Attente (id : identifiant de pair sur l'anneau des routeurs, g$_i$: granule)**, envoi d'un message de mise en attente à son voisin immédiat via son adresse ip ;
> ➢ **Decremente_compteur (T$_1$: tableau de granules, T$_2$: tableau de compteurs n$_i$, g$_i$: granule)**, décrémente le compteur n$_i$ associé à g$_i$ à chaque mise à jour de g$_i$.

5. Conclusion

Dans ce chapitre, nous avons présenté les principes directeurs de notre approche basée sur la proposition d'un modèle de gestion de catalogue contenant les méta-données des objets partagés dans les P2P. Ce modèle repose sur les concepts de fraîcheur et de politique de routage pour relâcher la cohérence des méta-données afin d'acheminer une requête en évitant de lire une portion du catalogue verrouillée par une transaction. Dans ce qui suit, nous testons la validité de notre approche à travers un modèle et une évaluation des performances de ce dernier. Mais avant d'en arriver là, nous faisons une présentation des réseaux de Pétri stochastiques qui ont servi à notre évaluation de performances.

Chapitre 3

L'évaluation de performances et les réseaux de Pétri

1. Modélisation et l'évaluation de performances [20]

1.1. La modélisation

Il est possible de modéliser un système qui fonctionne déjà ou un système non encore existant. Cependant, l'étude d'un système réel n'est que rarement réalisable dans un environnement opérationnel, une analyse consistant à représenter son fonctionnement d'une manière plus ou moins détaillée est nécessaire. C'est ainsi que pour satisfaire aux critères établis par le demandeur (client), une étude approfondie et minutieuse est nécessaire. Au bout de cette étude, le modéliseur doit être à mesure de connaître le matériel requis et les caractéristiques qu'il demande. Il doit aussi pouvoir dire si le résultat voulu peut être obtenu ou non. Apres cette étape, il peut débuter la modélisation en ayant en vue l'objectif à atteindre. L'utilisation d'outils (descriptifs, mathématiques, etc....) est alors nécessaire pour atteindre cet objectif. Le système réel (ou à concevoir) est reproduit par des équations mathématiques et des schémas faisant abstraction de certains détails.

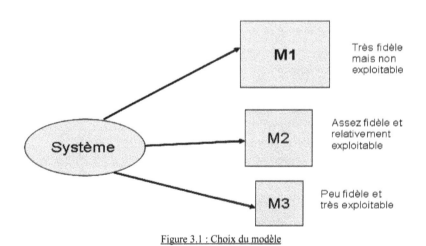

Figure 3.1 : Choix du modèle

Le plus souvent, le modèle prend en compte certains paramètres du système et en laisse d'autres. Plus le modèle est fidèle, plus son analyse est difficile et parfois non réalisable. Il faut alors un compromis entre une adéquation du modèle et du système et une facilité d'analyse du modèle.

Nous pouvons donc dire qu'un modèle est une abstraction d'un système réel. Alors en fonction du degré d'abstraction, on obtient un modèle plus ou moins fidèle.

Dans la phase de conception, on peut adopter deux démarches différentes :

- **Une démarche empirique**
- **Une démarche théorique**

Démarche empirique : c'est une démarche qui est particulièrement inefficace à cause de la complexité des systèmes informatiques. En effet, il est difficile d'évaluer l'impact du dimensionnement des paramètres (débit du réseau, puissance des serveurs, nature et nombre des transactions, etc.) sur les mesures constatées sur le système.

Démarche théorique : c'est cette démarche que l'on utilise le plus souvent dans la modélisation. C'est une méthode plus formelle qui garantit des bornes sur les performances du système du fait de la difficulté de travailler avec des valeurs exactes.

1.2. Qu'est ce que l'évaluation de performances

L'évaluation de performances s'intéresse au calcul des paramètres de performances d'un système. Les paramètres de performances que l'on souhaite obtenir sont de différents ordres en fonction des systèmes considérés. Par exemple dans les réseaux de communication, un paramètre de performances important est le temps de réponse (délai d'acheminement) de bout en bout. Il sépare l'émission du message et la réception par le destinataire. Les quatre paramètres de performances très importants que l'on souhaite déterminer dans de nombreux systèmes sont donc : le débit (souvent noté X), le temps de réponse (souvent noté R), le nombre de clients (souvent noté Q) et le taux d'utilisation (souvent noté U). Mais la plupart du temps on s'intéresse aux valeurs moyennes.

1.3. Pourquoi évaluer les performances d'un système

L'évaluation de performances d'un système s'avère nécessaire dés l'instant où l'on souhaite obtenir des performances d'un système et que l'on ne peut pas effectuer des mesures directes sur le système réel. En effet, si l'on peut mesurer simplement les paramètres de performance requis sur le système, pourquoi recourir à des techniques coûteuses et compliquées ? L'évaluation de performances peut intervenir à deux niveaux : en *conception* ou en *exploitation*.

❖   En conception : cela signifie que le système n'existe pas encore, il faut alors le créer, le dimensionner. Dans la pratique, il faut créer un système en respectant un cahier de charge.

❖   En exploitation : cette fois le système existe, mais on souhaite le modifier ou le tester en dehors de son point de fonctionnement normal. La modification rejoint un peu la conception. Il s'agira de concevoir un système différent répondant à de nouveaux objectifs.

1.4. Comment évaluer les performances d'un système

Etant donné que l'on ne peut pas mesurer directement les paramètres de performances sur le système réel, il s'agit de proposer un formalisme mathématique permettant de concentrer dans un modèle, les comportements et les paramètres reproduisant au mieux le fonctionnement du système.

Le modèle est donc une abstraction mathématique du système réel. Il peut se résumer en un ensemble d'équations ou être décrit à l'aide d'un formalisme. Différents types de formalisme ont été développés. Parmi eux on peut citer :

❖   les Réseaux de file d'attente,

❖   les Automates stochastiques,

❖   les Réseaux de Pétri : introduit en 1962 par Carl Adams Pétri pour l'évaluation des performances des systèmes avec concurrence, parallélisme et synchronisation.

Ces différentes classes de modèles ont été développées afin d'aider à l'analyse du système à événements discrets.

L'évaluation de performances d'un système réel peut être schématisée de la façon suivante :

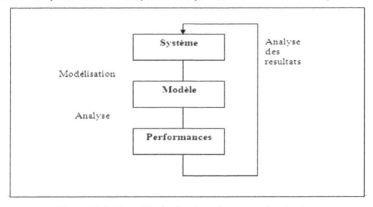

Figure 3.2: Schéma d'évaluation de performances d'un Système

Le rebouclage n'a lieu que si les performances obtenues ne sont pas celles espérées. Il faut noter que l'analyse des performances se fait sur le modèle. Ce que l'on obtient, ce sont donc les performances du modèle et non du système.

1.5. Analyse du modèle

Une fois qu'un modèle est construit dans le formalisme choisi, il faudra l'analyser. On distingue deux grands types d'analyses : *l'analyse qualitative* et *l'analyse quantitative*.

➢ Analyse qualitative : elle consiste à définir les propriétés structurelles et comportementales du système, telles que l'absence de blocage(vivacité), les invariants du système, le comportement fini ou borné(stabilité),etc.

➢ Analyse quantitative : elle consiste à calculer les paramètres de performances du système. Elle n'a de sens que si une analyse qualitative a été préalablement menée. Il est en effet inutile de vouloir obtenir les performances d'un système qui se trouve en état de blocage. Il existe deux grands types de méthodes d'analyse quantitative des performances : la *simulation* et les méthodes *analytiques* :

- La simulation dite à événements discrets consiste à reproduire l'évolution du modèle, pas à pas, en étudiant une réalisation particulière du modèle stochastique. L'avantage de la simulation est d'offrir une approche très générale permettant d'étudier n'importe quel modèle dés l'instant où l'outil de simulation est adapté au modèle considéré. C'est ce qui fait que la simulation est beaucoup utilisée en milieu industriel. Le gros inconvénient de la simulation est d'être une technique extrêmement gourmande en temps de calcul et pour laquelle l'analyse des résultats est une phase très délicate.

- Les méthodes analytiques proposent de calculer les performances de façon analytique en résolvant les équations sous-jacentes. Leur intérêt réside principalement dans leur résolution généralement peu coûteuse en temps de calcul. Malheureusement la classe des modèles que l'on sait analyser simplement de façon exacte est relativement limitée.

Lors de l'analyse quantitative, la collecte des résultats est faite après chaque exécution. Entre deux exécutions, on compare les résultats des exécutions déjà effectuées et on modifie un ou plusieurs paramètres selon les objectifs visés. Cette phase se termine lorsque les résultats obtenus satisfont le cahier de charge.

1.6. Analyse et documentation des résultats

Les objectifs du modèle sont mentionnés dans le cahier de charge. En plus, le modéliseur, étant dans l'impossibilité de faire une étude déterministe, introduit une marge d'erreurs dans laquelle les résultats doivent se trouver.

La phase d'analyse consiste alors à vérifier si les résultats obtenus se situent dans la plage définie par ce dernier. Il est aussi souhaitable de connaître les paramètres dont leur changement influe beaucoup sur les résultats obtenus. Si les résultats sont bons, on peut exécuter une dernière fois pour être sûr que l'on obtient les mêmes résultats. Par contre s'ils ne sont pas ceux espérés, le test doit continuer.

Au cours de la validation d'un modèle, il est très important de sauvegarder les résultats des différentes exécutions avec les paramètres dont leur changement a conduit à ces résultats.

Cela permet à l'avenir, lorsque le client veut augmenter les performances de son système, de connaître les paramètres à modifier donc le matériel à changer. Il peut aussi arriver une perte de performance du système au cours de son fonctionnement. Alors la documentation permettra de connaître quels sont les paramètres pouvant être à l'origine d'une telle situation.

Les modèles sont faits avec des formalismes spécifiques. Différents types de formalismes ont été développés dont :

- Les files d'attente et réseaux de files d'attente
- Les réseaux de Pétri (RdP)
- Les réseaux d'automates stochastiques
- Etc.

Dans cette étude, nous allons surtout nous intéresser aux réseaux de Pétri pour évaluer les performances de notre système. Ainsi, avant de commencer la modélisation de notre système, faisons un rappel sur les réseaux de Pétri.

2. Les réseaux de Pétri (RdP)
Introduction :

Les réseaux de Pétri ont été inventés par Carl Adam Pétri lors de sa thèse. Ils permettent une évaluation de performances des systèmes concurrents en terme de relations de type cause à effet, mais aussi avec parallélisme et synchronisation. Au début, les réseaux de Pétri faisaient abstraction du temps. Depuis, ils ne cessent d'évoluer.

- On a d'abord introduit le temps pour obtenir les réseaux de Pétri stochastiques (**SPN : Stochastic Pétri Net**).

- Ensuite les transitions immédiates sont introduites et on passe aux réseaux de Pétri généralisés (**GSPN : General Stochastic Pétri Net**).
- Avec l'introduction de couleurs associées aux marques, vient l'ère des réseaux de Pétri colorés puis des réseaux de Pétri stochastiques bien formés(**SWN : Stochastic Well formed Petri Nets**).

Ils sont utilisés dans plusieurs domaines : informatique distribué, système de production, télécommunication, etc.

2.1. Le formalisme réseau de Pétri [21]

A. Structure d'un réseau de Petri

A.1. Définition et éléments d'un RdP

Réseau de Petri : Un réseau de Petri est un quadruplet $R = <P, T, Pré, Post>$ où :

- P est un ensemble fini de places. Les places sont représentées par des cercles et modélisent les variables d'état du système (les ressources du système),
- T est un ensemble fini de transitions. Une transition représente un événement et/ou une action qui change les valeurs des variables d'état du système. Elles sont représentées par un rectangle ou un trait épais,
- Pré : P x T ⟶ N est l'application places précédentes,
- Post : P x T ⟶ N est l'application places suivantes.

On utilise également la notation : $C = Post - Pré$

Et C est généralement appelée matrice d'incidence du réseau de Pétri.

Réseau marqué :

Chaque place peut contenir 0 ou plusieurs jetons indiquant la valeur de la variable d'état modélisée par cette place. Si la place modélise une variable logique, le nombre de jetons qui peuvent s'y trouver est 0 ou 1. S'il y a un jeton, alors la condition est vraie, fausse sinon.

Un réseau marqué est le couple : $N = <R, M>$ où :

- R est un réseau de Petri,
- M est le marquage initial ; c'est une application

$$M : P \longrightarrow N$$

M(p) est le nombre de marques (jetons ou *tokens*) contenus dans la place p.

Graphe associé et notation matricielle:

A un réseau de Petri on peut associer un graphe qui possède deux types de nœuds : les places et les transitions. Un arc relie une place p à une transition t si et seulement si Pré (p, t)≠0. Un arc relie une transition t à une place p si et seulement si Post (p, t) ≠ 0. Les valeurs non nulles des matrices Pré et Post sont associées aux arcs comme étiquettes (par défaut on prends la valeur 1). Un exemple de graphe associé à un réseau de Petri est donné par la figure 3.3.

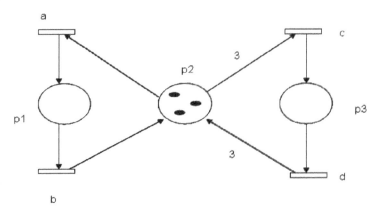

Figure 3.3 : exemple de réseau de Petri

Le marquage M peut être représenté par un vecteur ayant pour dimension le nombre de places ; Pré, Post et C seront alors des matrices dont le nombre de lignes est égal un nombre de places et le nombre de colonnes est égal au nombre de transitions.

Considérons par exemple la figure 3.3 elle définit le réseau de Petri suivant :

- P = {p1, p2, p3},
- T = {a, b, c, d}

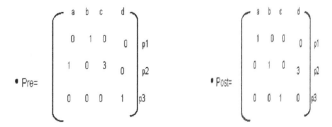

On a alors :

$$
\bullet \; C =
\begin{array}{ccc}
 & \begin{array}{cccc} a & b & c & d \end{array} & \\
\end{array}
\begin{pmatrix}
1 & -1 & 0 & 0 \\
-1 & 1 & -3 & 3 \\
0 & 0 & 1 & -1
\end{pmatrix}
\begin{array}{c}
p1 \\ p2 \\ p3
\end{array}
$$

Et le marquage initial est :

$$
\bullet \; M =
\begin{pmatrix}
0 \\ 3 \\ 0
\end{pmatrix}
\begin{array}{c}
p1 \\ p2 \\ p3
\end{array}
$$

Réseau de Petri avec arc inhibiteur: les RdPs ont été étendus avec l'introduction des arcs inhibiteurs. Un arc inhibiteur reliant une place P_i à une transition T_j empêche cette dernière d'être franchie si la place P_i contient un nombre de jetons supérieur ou égal à la valeur de l'arc.

Un RdP avec arc inhibiteur est défini par :**(R, Inh)**. Dans cette définition, Inh représente l'application $P \; x \; T \rightarrow N$.

L'arc inhibiteur est représenté par un trait avec un petit cercle à l'extrémité.

Figure 3.4 : Arc inhibiteur

B. Dynamique du RdP

L'évolution d'un RdP est conditionnée par le franchissement des transitions. Nous définissons les conditions de franchissabilité et de franchissement dans la section suivante.

B.1. franchissabilité d'une transition

Une transition t est franchissable (sensibilisée, *enabled*) si et seulement si :

- $\forall\, p \in P, M(p) \geq \text{Pré}(p, t),$

- $\forall\, p \in P, M(p) < \text{Inh}(p, t).$

On peut exprimer que t est franchissable par les notations :

$$M \geq \text{Pré}(.\,, t\,)$$

$$M\ (t >$$

$$M \xrightarrow{\ t\ }$$

Par exemple dans le RdP de la figure 3.3, et pour le marquage initial M :

$$M = \begin{bmatrix} 0 \\ 3 \\ 0 \end{bmatrix}$$

Les transitions a et c sont franchissables car

$$\text{Pré}\ (.\,, a) = \begin{bmatrix} 0 \\ 1 \\ 0 \end{bmatrix} \qquad \text{Pré}\ (.\,, c) = \begin{bmatrix} 0 \\ 3 \\ 0 \end{bmatrix}$$

Et donc :

$$M > \text{Pré}(.\,, a) \text{ et } M = \text{Pré}(.\,, c)$$

B.2. franchissement d'une transition

Le franchissement (tir, firing) d'une transition t franchissable en M consiste à enlever sur chacune de ses places d'entrée un nombre de jetons égal à la valeur de l'arc les reliant et à déposer sur chacune de ses places de sortie un nombre de jetons égal à la valeur de l'arc qui les relie. Ce franchissement conduit au marquage M' tel que :

$$\forall\, p \in P, M'(p) = M(p) - \text{Pré}(p, t) + \text{Post}(\,p, t)$$

On utilise également les notions :

$$M' = M - \text{Pré}(.\,, t) + \text{Post}(.\,, t)$$

M (t > M'

$$M \xrightarrow{t} M'$$

Par exemple dans le réseau de la figure 3.3, après le franchissement de a à partir du marquage initial M, on obtient le marquage M' suivant :

$$\begin{bmatrix} 1 \\ 2 \\ 0 \end{bmatrix} = \begin{bmatrix} 0 \\ 3 \\ 0 \end{bmatrix} - \begin{bmatrix} 0 \\ 1 \\ 0 \end{bmatrix} + \begin{bmatrix} 1 \\ 0 \\ 0 \end{bmatrix}$$

B.3. séquence de franchissement [21]

Définition : Une séquence de franchissement S est une succession de franchissements de transitions qui fait passer le RdP du marquage M au marquage M' en passant par un ou plusieurs marquages intermédiaires. A chaque étape M_x de la séquence, une transition franchissable est franchie et fait passer de M_x à M_{x+1}.

Il est possible qu'une même transition soit franchie plusieurs fois. Si toutes les transitions du RdP sont dans la séquence, on dit que la séquence est complète.

Analyse par les invariances : Soit $\underline{S}$ le vecteur dont les composantes $\underline{S}(t)$ sont les nombres d'occurrences des transitions t dans une séquence de franchissement S, ce vecteur est appelé *vecteur caractéristique* de S. Sa dimension est égale au nombre de transitions du RdP. Les évolutions du marquage d'un RdP sont alors données par l'équation :

M' = M – Pré . $\underline{S}$ + Post . $\underline{S}$

M' = M + C.$\underline{S}$ avec M $\geq$ 0, $\underline{S} \geq$ 0

Cette équation est appelée l'équation fondamentale d'un RdP.

Définitions : Soit un RdP marqué N = < R, M_0 >

1) **L'ensemble d'accessibilité** A(**R, M₀**) d'un RdP marqué est l'ensemble des marquages que l'on peut atteindre à partir du marquage initial M0 par une séquence de franchissement.

   A(R, M₀) = {M₁, ∃ S $M_0 \xrightarrow{S} M$ }

2) **Place k- bornée et binaire :** Une place p d'un RdP marqué est k- bornée si et seulement si:

$\forall\ M' \in A(R, M_0)\ \ M'(p) \le K$

Si k = 1 on dit que la place est binaire (safe).

3) Réseau de Petri marqué k- borné et binaire : Un RdP marqué N est k- borné (bounded) si et seulement si toutes ses places sont k- bornées.

Un réseau marqué N est binaire (sauf) (safe) si et seulement si toutes ses places sont binaires.

4) Transition quasi-vivante: Une transition t d'un réseau marqué N est quasi-vivante si et seulement il existe une séquence de franchissement S telle que:

$$M_0 \xrightarrow{\ S\ } M' \quad et \quad M' \xrightarrow{\ t\ }$$

On peut aussi écrire: $\quad M_0 \xrightarrow{\ S.t\ }$

5) Transition vivante: Une transition t d'un réseau marqué N est vivante si et seulement si:

$$\forall\ \mathbf{M'} \in \mathbf{A(R, M_0)}\ \exists\ \boldsymbol{S}\ \ M' \xrightarrow{\ S.t\ }$$

N est vivant pour un marquage initial M0 si toutes ses transitions sont vivantes pour ce M0.

6) Conformité : Un RdP est conforme s'il est sauf et vivant.

7) État d'accueil : Un marquage M' est un état d'accueil pour un marquage initial M_0 si et seulement si:

$$\forall\ \mathbf{M''} \in \mathbf{A(R, M_0)}\ \ \ M'' \xrightarrow{\ S.t\ } M'$$

8) couverture : Un marquage M' couvre un marquage M'' et on note M' $\ge$ M'' si et seulement si :

$$M'(p) \ge M''(p),\ \forall\ \mathbf{p} \in \mathbf{P}.$$

9) réinitialisation : Un RdP est réinitialisable pour un marquage initial M_0 si M_0 est un état d'accueil.

B.4. graphe de marquage

Le graphe de marquage d'un RdP R est un graphe contenant tous les marquages de l'ensemble d'accessibilité de ce RdP. Dans ce graphe, chaque marquage M est représenté par un nœud et est relié aux marquages directement accessibles par un arc orienté dans le sens M vers M' (avec M' $\in$ A(R, M0))

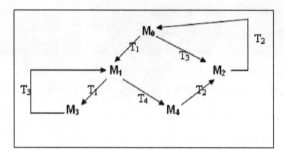

Figure 3.5 : exemple de graphe de marquage

B.5. Conflit et parallélisme

Conflit structurel : Deux transitions t1 et t2 sont en conflit structurel si et seulement si elles ont au moins une place d'entrée en commun :

$$\exists\, p\;\; Pré(p\,,\,t1)\,.\,Pré(p,\,t2) \neq 0$$

Conflit effectif : Elles sont en conflit effectif pour un marquage M si et seulement si t1 et t2 sont en conflit structurel et que :

$$M \geq Pré(\,.\,,\,t1)$$
$$M \geq Pré(\,.\,,\,t2)$$

Parallélisme structurel : Deux transitions t1 et t2 sont parallèles structurellement si :

$$((Pré(\,.\,,\,t1))^{T}\, x\, Pré(\,.\,,\,t2) = 0$$

Elles n'ont donc aucune place d'entrée commune (le produit scalaire de leurs vecteurs Pré est nul).

Parallélisme effectif : Deux transitions t1 et t2 sont parallèles pour un marquage donné M si et seulement si elles sont parallèles structurellement et :

$$M \geq Pré(\,.\,,\,t1)$$
$$M \geq Pré(\,.\,,\,t2)$$

2.2 Réseau de Petri stochastique SPN [22]

2.2.1 Introduction du temps dans les RdPs

Dans un RdP, le temps peut être introduit dans plusieurs niveaux :

- **Jeton :** Chaque jeton porte un temps pendant lequel il est disponible pour franchir une transition donnée.
- **Place :** Les jetons se trouvant dans une place reste un temps dépendant de la place avant d'être utilisables.

- **Arc :** Les jetons traversent les arcs pour aller d'une place à une transition (ou vice versa) en un temps correspondant au délai de traversé.

- **Transition :** L'activité modélisée par une transition dure un temps correspondant au temps requis pour son exécution. Le début de l'activité correspondant au moment où la transition est franchissable et sa fin à la fin du franchissement.

Une transition a un délai de franchissement résultant d'un tir aléatoire. A chaque transition temporisée t, on peut associer une horloge. Quand t est franchissable, l'horloge est initialisée avec une valeur y. y est décrémentée avec une vitesse constante et quand sa valeur sera 0, t sera franchie. Le délai de franchissement suit une loi exponentielle :

$$Fx_l(t) = 1 - e^{-\lambda_l t}$$

2.2.2 Définition d'un SPN

Un réseau de Petri stochastique SPN est défini par : **SPN= (R, Inh, M_0, Λ)** ou Λ est l'ensemble des délais de tir de toutes les transitions ($\Lambda = \{\lambda_1, \lambda_2, ..., \lambda_n\}$), M_0 est le marquage initial. Dans un tel RdP, la distribution du temps de franchissement de chaque transition est exponentielle de taux λ [T]. On note $\lambda_k = \lambda$ [T] le taux de franchissement de la transition T_k. le temps de séjour dans un marquage M suit une loi exponentielle de moyenne μ.

Le graphe de marquages d'un SPN est sa chaîne de Markov à temps continu CMTC associée.

2.2.3. Étude de performances d'un SPN [22]

Dans un SPN, si deux transitions T_1 et T_2 de taux respectifs λ_1 et λ_2 sont franchissables en M, la probabilité de franchir T_1 avant T_2 est donnée par :

$$P_{\lambda_1} = \frac{\lambda_1}{\lambda_1 + \lambda_2}$$

De la même manière, la probabilité de franchir T_2 avant T_1 est : $P_{\lambda_2} = \frac{\lambda_2}{\lambda_1 + \lambda_2}$

Cela montre que la probabilité de passer du marquage M à un marquage M' est indépendante du temps passé en M. le temps de séjour en M est :

$$P[\min(X_1, X_2) \leq x] = 1 - e^{(\lambda_1 + \lambda_2)x}$$

Conflit de tir : En cas de conflit, deux solutions sont possibles :

- **Présélection :** suivant les probabilités (les priorités),
- **Course :** la transition de plus faible délai est franchie.

Sémantique des serveurs : Le degré de franchissement est le nombre de fois qu'une transition T_i peut être franchie avant d'être infranchissable. Pour la transition T_i, ce degré dans le marquage M est :

df(T_i, M) = Max(n | ∀ P_i ∈ P, M(P_i) ≥ n.Pré(P_i, T_i)).

Suivant df(T_i, M) trois options sont possibles :

- Un seul tirage est effectué, un service seul à la fois (mode **single-server**)
- df tirages sont effectués. La transition est un serveur réentrant (mode **infinite-server**)
- Min(df, deg(T_i)) sont effectués, la transition pouvant assurer plus de deg(T_i) services simultanés (mode **m-server**).

L'analyse quantitative d'un SPN peut être faite en analysant sa chaîne de Markov associée.

Soit deux marquages accessibles M_i et M_j tels qu'une seule transition t_k soit telle que :

$$Mi \xrightarrow{\;tk\;} Mj$$

Le taux de transition de l'état M_i vers l'état M_j est $\Lambda(t_k)$ (la loi de probabilité étant exponentielle). Si deux transitions t_k et t_m permettant de passer de M_i à M_j, alors le taux de transition de M_i vers M_j sera '' $\Lambda(t_k) + \Lambda(t_m)$''.

A partir d'un SPN, on peut construire un processus de Markov. Les états (espace d'état discret et temps continu) seront l'ensemble des marquages accessibles du SPN : A(R, M_0). A partir de la fonction Λ on écrit directement la matrice Q des taux de transition. Le terme $q_{ij} = \lambda_k$ est le taux de transition pour arriver dans l'état M_j à partir de l'état M_i. Le terme q_{ii} est négatif car il décrit le taux de transition permettant de quitter l'état M_i.

Le vecteur **π** des probabilités d'état stationnaire de la chaîne de Markov associée est obtenu en résolvant les équations :

$$\Pi Q = 0 \quad avec \quad \Pi = (\Pi 1, \Pi 2, \cdots, \Pi s)$$

$$\sum_1^s \Pi j = 1$$

A partir de ce moment on peut calculer les performances du système étudié.

2.3. Réseaux de Petri stochastiques généralisés GSPN [22][23]

2.3.1. Définition

Un GSPN est un SPN avec deux types de transitions : des transitions temporisées et des transitions immédiates. Les transitions temporisées sont représentées par un rectangle creux et les transitions immédiates par un rectangle plein. Les transitions immédiates sont franchies dès qu'elles sont franchissables, il n'y a pas de temps d'attente, alors que les autres sont franchies avec un taux dépendant de la transition comme dans les SPNs.

Un GSPN est donc caractérisé par (PN, T_t, T_i, W) où :

- **PN**= (P, Pré, Post, Inh, M_0)

- $T_t \subseteq T$ est l'ensemble des transitions temporisées ($T_t \neq \phi$)

- $T_i \subseteq T$ est l'ensemble des transitions immédiates ($T_i \cap T_t = \phi$ et T= $T_i \cup T_t$)

- W= (W_1, W_2, $W_{|T|}$) avec $W_i \in R_+$ est le délai de franchissement si la transition est temporisée, la probabilité de franchissement si la transition est immédiate.

Transition temporisée

Transition immédiate

Figure 3.6:Transition immédiate et temporisée

Dans l'étude des GSPN, seuls les marquages tangibles sont considérés (l'ensemble des états accessibles est privé des marquages évanescents).

Le temps de séjour du processus stochastique dans les marquages où au moins une transition immédiate est franchissable (marquages **évanescents**) ne suit pas une distribution exponentielle. De tels marquages changent immédiatement (le processus ne s'arrête pas sur ces marquages) car les transitons immédiates sont franchies avec un délai nul. Par contre, la distribution du temps de séjour du processus dans les marquages où seules des transitions temporisées sont franchissables (marquages **tangibles**) est exponentielle. Alors un GSPN ne décrit pas directement une chaîne de Markov à temps continu.

2.4. Réseaux de Petri colorés

2.4.1. Repliage d'un Réseaux de Petri [24]

Une façon de décrire des systèmes relativement complexes avec un RdP compact est de replier un ensemble de processus ayant la même structure (ou des structures proches les unes des autres) dans une seule composante conservative. L'ennui est que l'on perd l'individualité des processus qui n'est alors connue que dans la partie données. Le marquage des places ne donne que le nombre de processus dans un état donné sans que l'on puisse connaître leurs identités.

L'idée sous-jacente des RdPs colorés est précisément de pouvoir effectuer ce repliage sans perte d'information et sans perdre la visualisation *graphique* de la structure des processus.

2.4.2. Association de couleurs aux jetons

Dans le but de différencier les jetons, on leur associe des couleurs (ou des entiers ou des ensembles d'étiquettes). En conséquence, on associe à chaque place l'ensemble des couleurs des jetons qui peuvent y séjourner. A chaque transition on associe un ensemble de couleurs correspondant à des *manières* de franchir cette transition. Dans les cas les plus simples, c'est-à-dire quand tous les processus ont rigoureusement la même structure et sont indépendants les uns des autres, les couleurs des transitions sont directement associées aux processus et l'ensemble des couleurs des places et des transitions sont identiques.

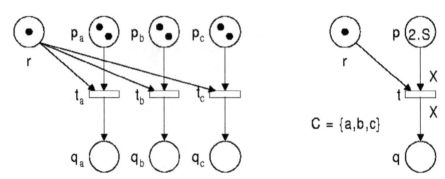

Figure 3.7: Exemple de réduction de modèle avec les colorés

2.4.3. Définition

Un RdP coloré marqué est un 6-uplets donné par :

CPN= (P, T, C$_{oul}$, C$_{sec}$, W, M$_0$)

où :

- **P**= {P$_1$, P$_2$, ..., P$_n$} est l'ensemble fini non vide de places,
- **T** = {T$_1$, T$_2$, ..., T$_m$} est l'ensemble fini non vide de transitions,
- **C$_{oul}$** = {c$_1$, c$_2$, ..., c$_n$} est l'ensemble fini non vide de couleurs :
- **C$_{sec}$**: est la fonction sous-ensemble de couleurs qui à chaque place et transition associe un sous-ensemble de C$_{oul}$ (les couleurs possibles pour cette place ou cette transition) :

C_{sec} : $P \cup T \rightarrow Þ(C_{oul})$ (où $Þ(C_{oul})$ est l'ensemble des sous ensembles de C_{oul})

- **W** est la fonction d'incidence (équivalent de C = Post – Pré), chaque élément W (p, t) de W est lui-même une fonction :

  W (p, t) : C_{sec} (t) x C_{sec} (p) $\rightarrow$ N

- **M_0** est le marquage initial, pour chaque place et pour chaque couleur possible dans cette place, il associe un nombre de jetons :

  M_0 (p) : C_{sec}(p) $\rightarrow$ N . N est l'ensemble des entiers naturels.

A noter que la définition d'un **CPN** peut contenir l'application **Inh** qui permet de connaître les places qui sont reliées à des transitions par un arc inhibiteur. Dans ce cas, on a :

CPN= (P, T, C_{oul}, C_{sec}, W, Inh, M_0)

2.4.4. Franchissabilité et franchissement [24]

- **Franchissabilité :** Une transition T_j est franchissable pour la couleur c dans le marquage M et on note M [Tj(c)$\rangle$ si et seulement si :

  $\forall P_l \in P, M(P_l) \geq Pré(P_l, T_j)(c)$.

Nous pouvons avoir un RdP coloré avec priorité. Un tel RdP est défini par un couple :

(CNP, л) où **л** est la fonction de priorité définie de T vers N. Par défaut, on supposera que

л (t)=0 $\forall t \in$ T. Dans un RdP coloré à priorité, la validation d'une transition T_j pour une couleur c est donnée par :

- $\forall P_l \in P, M(P_l) \geq Pré(P_l, T_j)(c)$.

- $\forall T_k \in T \mid л (T_k) > л (T_j), \forall c' \in C_{sec}(T_k), \exists P_l \in °T_k \mid M(P_l) < Pré(P_l, T_k)(c')$

- **Franchissement :**

Le franchissement de (T_j, c) conduit à un nouveau marquage M' = M [Tj(c)$\rangle$ par :

$\forall P_l \in P, M'(P_l) = M(P_l) + Post(P_l, T_j)(c) - Pré(P_l, T_j)(c)$.

2.4.5. Dépliage d'un réseau coloré [24]

La coloration permet une représentation concise du modèle ; cependant il est toujours possible de se ramener au RdP ordinaire par une opération de dépliage. Le dépliage consiste à créer autant d'instances de chaque objet que son domaine de couleurs comporte d'éléments. Les connexions de ce nouveau réseau sont déduites des matrices d'incidence du réseau coloré. Pour faire le dépliage d'un CNP, il existe plusieurs étapes à suivre :

1- $\forall$ $P_i \in P$, $\forall c \in C(P_i)$, on crée une place (P_i, c). Cette place aura un nombre de jetons égal au nombre de jetons de couleur c dans P_i. On note P_d l'ensemble des places du réseau déplié.

2- $\forall$ $T_j \in T$, $\forall c' \in C(T_j)$, on crée une transition(T_j, c'). On note T_d l'ensemble des transitions du réseau déplié.

3- Les matrices Pré et Post sont définies comme suit :

-Pré(P_i, c) (T_j, c') = Pré$(P_i, T_j)(c')(c)$.

-Post(P_i, c) (T_j, c')= Post$(P_i, T_j)(c')(c)$.

4- Le marquage initial du nouveau RdP est donné par : $M_0'((P_i, c)) = M_0(P_i)(c)$, $\forall$ P_i $\in P$. $\forall c \in \sigma C(P_i)$. De la même manière, le marquage développé d'un marquage M dans le réseau développé du CNP est le marquage de M_d défini par : $\forall$ $P_i \in P$, $\forall c \in C(P_i)$, $M_d'(P_i, c) = M(P_i)(c)$.

2.4.6. Analyse d'un RdP coloré

L'analyse d'un RdP coloré équivaut à celle du RdP ordinaire correspondant. Il est nécessaire alors de faire le dépliage du CNP et d'appliquer les règles d'analyse des RdPs ordinaires à un réseau déplié. L'inconvénient est que le dépliage aboutit généralement à un RdP de taille trop grande et donc difficile à analyser ;en plus que les résultats d'analyse obtenus sur le réseau déplié sont très difficilement interprétables dans le réseau coloré d'origine. Une autre approche consiste à généraliser les résultats des RdPs simples aux RdPs colorés, cependant cette généralisation est assez lourde et difficile à réaliser. De plus, il est impossible d'automatiser le calcul des états agrégés du système modélisé. On ne peut pas donc tirer profit des symétries du système. Alors pour pouvoir profiter des symétries, il est nécessaire d'avoir des outils d'analyse directe des RdPs colorés. Le problème posé est alors : « Peut-on définir un formalisme suffisamment structuré pour permettre la définition d'algorithme direct tout en maintenant un pouvoir d'expression suffisamment élevé ? ». C'est ainsi qu'après des recherches poussées et des classes de réseaux intermédiaires (réseaux **réguliers**, réseaux **ordonnés**, réseaux à **prédicats/transitions unaires**), on aboutit à une classe de RdPs de haut niveau : **les réseaux colorés bien formés** (réseaux bien formés: **Well formed Nets ou WN**).

2.5. Les réseaux bien formés (WN) [25]

Position du problème :

Les RdP colorés simples permettent de représenter fidèlement les symétries de comportement d'objets composant un système. Cependant, leur inconvénient majeur est la difficulté d'obtenir directement d'eux des résultats d'analyse sans avoir recours à leur dépliage et sans revenir au réseau non coloré équivalent. Les études menées pour la résolution de ce problème ont abouti à la création des réseaux bien formés (WN) qui sont aussi des réseaux colorés mais avec de nouvelles règles et contraintes syntaxiques.

Définition :

Un WN est donc un CPN respectant des contraintes syntaxiques dont l'objectif majeur est de pouvoir développer des algorithmes d'analyse qui pourront s'appliquer directement sur le réseau coloré. Les contraintes imposées à ce type de réseau sont de trois types :

1. Les domaines des couleurs sont des produits cartésiens de domaines de base appelés classes de couleurs élémentaires.
2. Les fonctions de couleurs sont construites à partir de fonctions élémentaires que sont: l'**identité**, le **successeur** et la **diffusion.**
3. Le modèle met en avant les symétries du système. Les comportements asymétriques sont pris en compte par le partitionnement des classes en sous-classes statistiques et par l'ajout de gardes sur les fonctions de couleurs et sur les transitions.

2.5.1. Domaines de couleurs

Les domaines de couleurs des places et transitions sont des produits cartésiens de domaines de base ou classes élémentaires.

2.5.1.1. Classes élémentaires

Une classe élémentaire est un ensemble fini non vide de couleurs terminales. Chaque classe élémentaire peut être ordonnée et/ou paramétrée. Si la classe est paramétrée, son nombre d'éléments n'est plus une valeur entière fixée (2, 100), mais une valeur entière n paramètre du système. Une couleur terminale est une couleur qui n'est définie à partir d'aucune autre couleur. Une classe élémentaire est généralement vue comme un ensemble d'éléments de même type dont les comportements peuvent être légèrement différents.

Lorsqu'on souhaite utiliser la fonction successeur, on définit un ordre dans la classe et chaque élément de la classe possède un seul successeur qui lui est propre.

La différence de comportement d'éléments au sein d'une même classe est résolue par le fait que chaque classe peut être partitionnée en autant de sous-classes statiques. Les sous-classes sont disjointes deux à deux. Ces sous-classes sont dites statiques du fait qu'elles ne dépendent pas des marquages et sont fixées dès la phase de conception du modèle. A noter que ces sous-classes peuvent elles aussi être paramétrées et dans ce cas, le nombre d'éléments de la classe est la somme du nombre d'éléments des sous-classes la composant.

2.5.1.2. Définition d'un domaine de couleurs

Un domaine de couleurs est un produit cartésien fini de classes élémentaires. Chaque classe élémentaire est un ensemble fini d'éléments. On note $Cl = \{C_1, ..., C_k\}$ l'ensemble des classes élémentaires et on impose que $\forall\ j \neq i \in [1...k]$, $C_i \cap C_j = \emptyset$.

Si une classe élémentaire C_i est partitionnée lors de sa création en s_i sous-classes statiques ($s_i > 1$), on note la q^{ieme} sous-classe $C_{i,q}$ et on a $C_i = \cup_q C_{i,q}$. Si la sous-classe $C_{i,q}$ est paramétrée, on note $n_{i,q}$ son nombre d'éléments. De plus, $\forall\ r\ |\ 0 \leq r \leq s_i$ et $r \neq q$, $C_{i,q} \cap C_{i,r} = \emptyset$.

Un domaine de couleurs est noté généralement par : $C = C_1^{e1} \times C_2^{e2} \times ... \times C_k^{ek}$ avec $e_i (1 \leq i \leq k)$ le nombre de fois que la classe C_i apparaît dans le domaine C. Si tous les e_i sont nuls, le domaine de couleurs est le **domaine neutre** noté ε. Le domaine de couleurs d'un noeud r (r est soit une place, soit une transition) est noté $C(r)$.

2.5.2. Fonctions de couleur de base

Les arcs d'un WN sont étiquetés par des fonctions de couleurs. Comme pour les réseaux colorés simples, ces fonctions précisent pour un franchissement le nombre et la couleur de marques consommées ou produites. Dans le cas des WNs, ces fonctions sont construites à partir de fonctions élémentaires qui sont au nombre de trois. Chacune d'elles est définie d'un domaine de couleurs C vers une classe élémentaire C_i. Ces fonctions sont :

➢ **identité** (X_i^j) qui permet la sélection d'un objet parmi ceux de la $j^{ème}$ occurrence de la classe C_i (si $c = (c_i^j)_n^{ei(t)} \in C(t)$, et $C(p) = C_i$ alors $X_i^j(c) = c_i^j$),

➢ **diffusion** ($S_{i,q}$) utilisée pour synchroniser tous les objets d'une sous-classe statique $D_{i,q}$ lorsqu'elle apparaît dans une fonction d'arc entrant d'une transition, et pour diffuser tous les objets de $D_{i,q}$ lorsqu'elle apparaît dans une fonction d'arc sortant (si $C(p) = C_i$, alors $\forall\ c \in C(t)$, $S_{i,q}(c) = D_{i,q}$),

> **successeur** $!X^j_i$ pour modéliser le choix du successeur d'un objet sélectionné d'une classe ordonnée (un voisin immédiat dans une topologie en anneau ou le message suivant dans une séquence de messages par exemple).

(Si $c = \left(C^j_i \right)_n^{ei(t)} \in C(t)$ et $C(p) = C_i$ est ordonné alors $!X^j_i (c) = !c^j_i$.

2.5.3. Les Gardes

Expressions booléennes (appelées prédicats standard) utilisées pour définir la franchissabilité des transitions : on peut employer l'égalité entre objets de la même classe ($X^j_i = X^k_i$) ou entre un objet et le successeur d'un autre objet ($X^j_i = !X^k_i$) dans une même classe ordonnée, l'appartenance à une sous-classe statique ($X^j_i \in D_{I, q}$) et une combinaison logique de ces valeurs.

2.5.4. Formalisme d'un WN

Un réseau bien formé est défini par le 7-uplets : WN= (P, T, Cl, C, Pré, Post, Gard) où :

-   **P**= {$P_1, P_2, ..., P_n$} est l'ensemble fini non vide de places,
-   **T** = {$T_1, T_2, ..., T_m$} est l'ensemble fini non vide de transitions,
-   P∩T=Ø,
-   **Cl**= {C_i| i ∈ {1, 2, ..., k}} est l'ensemble des classes élémentaires. Chaque C_i est un ensemble fini et non vide pouvant être partitionné en sous-classes statiques.
-   **C** est la fonction de couleurs de P ∪ T vers w où w est un ensemble contenant des produits cartésiens finis d'éléments de Cl. Un élément de C(s) est un tuple < $C_1, C_2, ..., C_k$> est appelé couleur de s. C(s) est le domaine de couleur de s ;
-   **Pré** (resp. **Post**) est la fonction d'incidence avant (resp. arrière) qui associe à tout couple (P_i, T_j) de P x T une fonction de couleur gardée de (T_j) vers Bag(C(P_i)) ;
-   **Gard** est une fonction qui associe à chaque transition une garde. Par défaut, Gard(T_i) est la fonction constante de valeur **VRAI** $\forall$ $T_i \in$ T.

Pour que la fonction **successeur** puisse être appliquée à une classe $C_i \in$ Cl, il est nécessaire que cette classe soit ordonnée. Une fonction **Ord** définie de Cl vers {Vrai, Faux} permet de préciser les classes qui sont ordonnées (si Ord (C_i)= Vrai alors C_i est ordonnée, sinon elle ne l'est pas).

Il faut cependant noter que comme toute classe de RdP, la définition d'un WN peut comporter l'application **Inh** définie sur P×T qui donne les places et les transitions reliées par un arc inhibiteur. Il est aussi possible d'avoir une application **Pri** définie de T vers N qui donne des priorités aux transitions. Dans ce cas le WN est défini par :

WN= (P, T, Cl, C, Pré, Post, **Inh, Pri,** Gard). Par défaut, on a: **Pri(T_1)=0.**

2.5.5. Exemple de WN

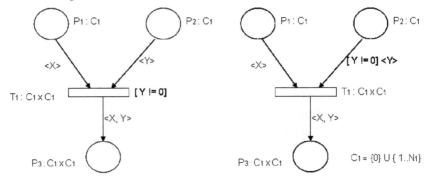

Figure 3.8:Exemple de WN

Description des WNs :

P= { P_1, P_2, P_3 }, **T**={ T_1}, **Cl**={ C_1} ;

C_1 =$C_{1,1}$ ∪ $C_{1,2}$ avec $C_{1,1}$ ={ 0} et $C_{1,2}$={ 1..N_1};

C(P_1)=**C**(P_2) ; **C**(P_3)=**C**(T_1)= C_1× C_1;

Dans ces deux WNs, l'ensemble P des places contient 3 éléments (P_1, P_2, P_3), l'ensemble T des transitions à un seul élément (T_1) et l'ensemble Cl des classes élémentaires à un seul élément (C_1).

Cette unique classe est partitionnée en deux sous-classes statiques que sont $C_{1,1}$, $C_{1,2}$. La sous-classe statique $C_{1,2}$ est paramétrée de cardinal N_1. La classe C_1 est elle aussi paramétrée. Les places P_1 et P_2 ont le même domaine (C_1) alors que la place P_3 et la transition T_1 ont le même domaine de couleur C_1×C_1. Dans le WN de gauche, il y a une garde qui porte sur la transition T_1, tandis que dans celui de droite, c'est la fonction portant sur l'arc P_2 à T_1 qui est gardée.

2.5.6. Franchissabilité, franchissement et dépliage d'un WN

Les règles de franchissement et de dépliage sont identiques à celles utilisées pour les réseaux colorés. Cependant concernant les WNs, il y a les gardes à prendre en compte et qui modifient les règles de la façon suivante :

1. Une transition T_i est franchissable pour la couleur $c_t \in C(T_i)$ si et seulement si la garde associée à T_i est vraie pour la couleur c_t et T_i est franchissable normalement pour c_t (pré-conditions vérifiées).

2. Une transition (T_i, c_t) apparaît dans le réseau déplié uniquement si et seulement si la garde associé à T_i est vraie pour c_t.

2.6. Réseaux de Pétri stochastiques bien formés (SWN) [26]

Position du problème :

Le besoin d'avoir une classe de haut niveau permettant une analyse directe sans passer au dépliage a donné naissance aux réseaux bien formés (WN). Dans ces réseaux, les classes et domaines de couleurs sont bien structurés ainsi que les fonctions de couleurs pour permettre la création d'algorithmes rendant possible leur étude sans passer par un dépliage. Cependant ces réseaux n'ont pas pris en compte le caractère stochastique de certains réseaux, d'où l'extension de cette classe aux réseaux de Pétri stochastiques qui aboutit aux réseaux de Pétri stochastiques bien formés (**Stochastic Well-formed Petri Nets: SWN**)

2.6.1. Agrégation markovienne

L'objectif d'une agrégation est de substituer un système complexe par un système plus simple qui garde les comportements que le système original avait vis-à-vis de certains critères.

L'agrégation est une technique d'analyse d'un processus markovien qui consiste, après avoir regroupé les états de ce processus en classes, à étudier le nouveau processus formé sur les classes d'états. Concernant l'évaluation de performances, le but visé le plus souvent est qu'à partir des mesures stationnaires du système réduit l'on arrive à calculer une synthèse de mesures stationnaires du système original.

2.6.2. Processus stochastique d'un réseau de Pétri bien formé

L'introduction d'une sémantique stochastique au sein des réseaux de Petri bien formés vise trois objectifs majeurs :

1. Etre consistant avec la sémantique stochastique des réseaux de Pétri stochastiques généralisés vus en section 2.3 (paragraphe GSPN);

2. Permettre à l'utilisateur de la spécifier au niveau du réseau bien formé ;
3. Préserver la symétrie de telle sorte que le graphe symbolique d'accessibilité (GSA) (symbolic Reachassibility Graph., SRG) puisse servir de support à une évaluation quantitative.

Dans les GSPNs, lorsque deux transitions immédiates sont simultanément franchissables, la connaissance d'une information supplémentaire est nécessaire pour spécifier complètement le comportement du système. Cependant, pour les SWNs, la concurrence peut se trouver entre les différentes instances de couleurs d'une même transition en plus des concurrences entre transitions. Alors pour spécifier complètement le comportement du système, il faudrait que la valeur associée à une transition (poids ou délai de franchissement) soit fonction de l'instance de couleur de la transition et du marquage. Pour des soucis de respect de la symétrie du modèle qualitatif, tous les objets de la même sous-classe statique doivent se retrouver au même niveau de la valeur associée à la transition. De la même manière, la dépendance du marquage sera liée aux sous-classes statiques pour assurer l'homogénéité des taux de sortie des marquages ordinaires composant un marquage symbolique.

2.6.3. Définition d'un SWN

Un réseau de Pétri stochastique bien formé (SWN) est un couple (S, θ) tel que:

S = (P, T, Cl, C, Pré, Post, Pri, Guard) est un réseau de Pétri bien formé (WN) ;

θ est une fonction définie sur T telle que:

$$\theta\ (T_i) : \tilde{C}i\,(T_i)\ x \prod p_i \in P\ \text{Bag}(\tilde{C}(p_i)) \longrightarrow R+.$$

Si $Pri(T_i) > 0$, alors T_i est une transition immédiate et θ (T_i) (C, M) représente le poids associé à la transition T_i pour la couleur c dans le marquage M. La probabilité de tir de $T_i(c)$ en M, si d'autres transitions immédiates sont franchissables est:

$$PB = \frac{\theta(Ti)\,(\tilde{C}, \tilde{M})}{\sum_{Tj,c'}\theta\,(Tj)(\tilde{C}', \tilde{M})} \quad avec \quad Pri(Tj) = Pri(Ti) \quad et \quad M \; \tilde{j}(c')\ \rangle \ ;$$

Si $Pri(T_i) = 0$, alors T_i est une transition exponentielle et θ (T_i) $(\tilde{C}, \tilde{M})$ représente le taux de franchissement associé à la transition T_i pour la couleur c dans le marquage M. Ce taux est une variable aléatoire distribuée suivant la loi exponentielle de moyenne θ (T_i) $(\tilde{C}, \tilde{M})$.

Notons que le taux de franchissement (ou le poids) associé à une transition ne dépend que des sous-classes statiques du modèle, et jamais des couleurs directement.

2.6.4. Exemple de SWN

Le réseau ci-dessous modélise le fonctionnement d'un multiprocesseur. On a deux classes de couleurs (C_1 et C_2) qui sont respectivement la classe des processus et celle des processeurs. La classe C_1 est composée de deux sous-classes statiques : $C_{1, 1}$ contient les processus lents et $C_{1, 2}$ les processus rapides. De même C_2 est divisée en deux sous-classes statiques ($C_{2,1}$ et $C_{2,2}$), de cardinal 2, suivant leur vitesse de traitement. La place P_1 contient les processus inactifs, P_2 les processus en attente d'un processeur libre, P_3 les processeurs.

Après un temps moyen λ_1 (resp. λ_2) un processus lent (resp. rapide) cherche à accéder (transition T_1) à un processeur. Lorsqu'il l'obtient (franchissement de T_2), il l'occupe pour une durée μ_1 (resp. μ_2) avant de le libérer (franchissement de T_3). Le franchissement de la transition T_3 dépend du type de processeur et de processus.

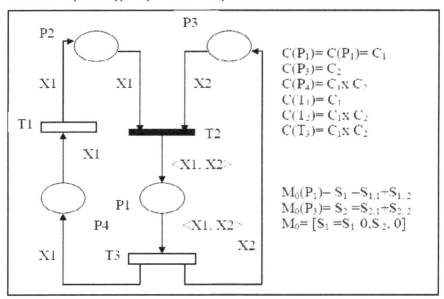

Figure 3.9:Modélisation d'un multiprocesseur avec SWN

2.6.5. Analyse d'un SWN

2.6.5.1. Graphe symbolique

Un graphe symbolique d'un SWN est un graphe dans lequel les états sont représentés sous forme de classes de même que les franchissements. Chaque noeud d'un tel graphe est une classe de marquages représentée par un de ses éléments. Chacun des arcs reliant deux nœuds est une classe de franchissements représentée par un élément appartenant à sa classe.

Dans un graphe symbolique nous avons donc des classes de marquages (marquages symboliques) et des classes de franchissements (franchissements symboliques). Pour obtenir ces classes, on définit des équivalences basées sur les symétries du SWN. Une classe de marquages (resp. de franchissements) est composée de marquages équivalents (resp. de franchissements équivalents).

L'équivalence entre les états est basée sur l'utilisation de symétries préservant la structure du modèle. La définition d'une équivalence entre les états doit assurer une similitude de comportements des états équivalents lors d'un franchissement de transition.

1. Marquages symboliques

Deux marquages d'un SWN sont équivalents à une symétrie près, c'est-à-dire que M est équivalent à M' si et seulement si il existe s tel que M' = s.M. Nous dirons alors que les marquages M' et M sont équivalents (appartiennent à la même classe d'équivalence). Les marquages du réseau sont alors regroupés suivant ces classes d'équivalence. Chaque classe d'équivalence correspond à un marquage symbolique du modèle. Alors, un marquage symbolique est un ensemble de marquages ordinaires. Dans la suite, nous notons $\hat{M}$ le marquage symbolique associé au marquage M.

Pour la construction du graphe symbolique, il est nécessaire de prouver la compatibilité des marquages symboliques avec le franchissement des transitions.

2. Franchissements symboliques

L'apport des réseaux bien formés est qu'ils permettent une définition facile et automatique de classes d'états. Cependant, ces classes d'états n'ont de sens que si elles préservent les franchissements de transitions. Heureusement, la propriété fondamentale de conservation est vérifiée par les réseaux bien formés.

Proposition: Le franchissement d'une transition est préservé par l'application d'une permutation sur les marquages de départ et d'arrivée, ainsi que sur la couleur instanciant la transition.

Une règle de franchissement symbolique est proposée. Cette règle agit sur une représentation d'un marquage symbolique pour construire directement une représentation de la classe des marquages obtenus après franchissement. Elle opère sur plusieurs étapes :

- La première étape consiste à diviser un marquage de manière à isoler chacun des objets sélectionnés pour le franchissement.
- Ensuite la franchissabilité est testée sur cette représentation divisée. Si le test est positif, alors on modifie le marquage des sous-classes dynamiques conformément aux fonctions d'incidence. On obtient ainsi un nouveau marquage dont la représentation n'est pas forcement canonique (une représentation canonique d'un marquage symbolique est une représentation à la fois ordonnée et minimale).
- La dernière étape consiste donc à calculer la représentation canonique du marquage obtenu après franchissement.

3. Construction du graphe symbolique

La construction du graphe symbolique s'effectue en appliquant la règle de franchissement symbolique au marquage symbolique initial, puis de manière récurrente aux différents marquages construits. Cependant, comme le marquage initial est défini par l'utilisateur, il est important de s'assurer d'abord qu'il est représenté sous sa forme canonique. S'il ne l'est pas, il faudrait donc calculer cette forme canonique.

Exemple [] :

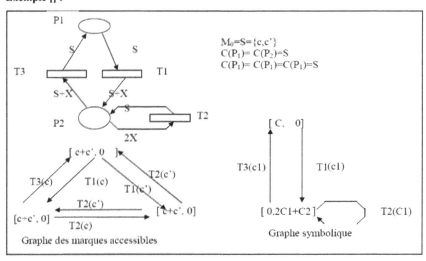

Figure 3.10: Exemple de construction de graphe symbolique

Dans cet exemple, on a appliqué une permutation x telle que $x(c') = c$ et $x(c) = c'$.

En posant $M_0 = [c + c', 0]$, $M_1 = [0, 2c + c']$ et $M_2 = [0, c + 2c']$, on a:

$x(M_1) = x([0, 2c + c']) = [0, 2c' + c] = M_2$, de la même manière $X(M_2) = M_1$, donc M_1 et M_2 sont équivalents et forment un marquage symbolique. Le deuxième marquage symbolique est composé d'un seul marquage ordinaire (le marquage initial M_0).

En appliquant la permutation x aux franchissements, on obtient trois franchissements symboliques qui sont formés chacun de deux franchissements ordinaires.

2.6.5.2. Passage du graphe symbolique à l'agrégation Markovien

Soit P la matrice de transition d'états de la chaîne de Markov incluse dans le processus semi-markovien associé au SWN.

Calcul des paramètres de la chaîne agrégée :

Pour le calcul de ces paramètres, nous employons la méthode de la chaîne incluse. Ainsi nous nous limitons au calcul des coefficients $\hat{P}[\hat{M}, \hat{M}']$ de la matrice des probabilités de la transition de cette chaîne et de durée $\hat{M}$ qui est la durée de séjour dans un marquage ordinaire de $\hat{M}$ tangible.

Dans la suite, nous notons $\hat{M} [Ti(\lambda, \mu)\rangle$ un franchissement symbolique et $M [Ti(c)\rangle$ un des franchissements ordinaires correspondant au franchissement symbolique.

Tous les franchissements ordinaires dénotés par un arc symbolique se projettent sur les mêmes sous-classes statiques ; de même, tous les marquages ordinaires d'un marquage symbolique se projettent sur la même partition statique. Donc, le paramètre stochastique du franchissement ordinaire $\theta(Ti)(\tilde{C}, \hat{M})$ est indépendant du choix de ce franchissement et se déduit directement du marquage symbolique et du franchissement symbolique.

Nous le notons : $\hat{\theta}(Ti) < \lambda, \mu, \hat{M} >$.

Les expressions des coefficients de la matrice de la chaîne incluse agrégée et de la durée de séjour sont données par les formules :

$$\hat{P}[\hat{M}, \hat{M}'] = \frac{\displaystyle\sum_{<Ti,\lambda,\mu>:\hat{M} \xrightarrow{(Ti,\lambda,\mu)} \hat{M}'} \hat{\theta}[Ti] < \lambda, \mu, \hat{M} > \left|\hat{M} \xrightarrow{<Ti,\lambda,\mu>}\right|}{\displaystyle\sum_{<Ti,\lambda,\mu>:\hat{M} \xrightarrow{(Ti,\lambda,\mu)}} \hat{\theta}[Ti] < \lambda, \mu, \hat{M} > \left|\hat{M} \xrightarrow{<Ti,\lambda,\mu>}\right|}$$

$$duree\ (\hat{M}) = \cfrac{1}{\sum\limits_{<Ti,\lambda,\mu>:\hat{M}\ \xrightarrow{\ (Ti,\lambda,\mu)\ }} \hat{\theta}[Ti] < \lambda, \mu, \hat{M} > \left| \hat{M} \xrightarrow{\ <Ti,\lambda,\mu>\ } \right|}$$

Où la deuxième formule ne s'applique qu'aux marquages symboliques tangibles et où $\left| \hat{M} \xrightarrow{\ <Ti,\lambda,\mu>\ } \right|$ est le nombre de franchissements colorés à partir d'un marquage fixé de $\hat{M}$ représenté par l'instanciation symbolique <Ti, λ, μ >. Il est démontré que :

$$\left| \hat{M} \xrightarrow{\ <Ti,\lambda,\mu>\ } \right| = \prod_{i=1}^{h} \prod_{j=1}^{mi} \frac{card(Z_i^j)!}{(card(Z_i^j) - \mu_i^j)!}$$

avec h le nombre de classes non ordonnées, m_i le nombre de sous-classes dynamiques de C_i dans la représentation et μ_i^j le nombre d'instanciations dans Z_i^j

Enfin la probabilité à l'équilibre d'un marquage M est donnée par le quotient de la probabilité de son marquage symbolique $\hat{M}$ sur le cardinal de ce dernier. Cette valeur est alors :

$$P_M = \frac{1}{\left| S(\hat{M}) \right|} \left(\prod_{i=1}^{h} \prod_{j=1}^{Si} \frac{\left| C_{i,q} \right|!}{\prod_{d(Z_i^j)=q} card(Z_i^j)!} \right) \prod_{i=h+1}^{n} v(i)$$

Dans cette formule, S_i est le nombre de sous-classes statiques de C_i, $v(i) = |C_i|$ si $m_i > 1$ et $S_i = 1$ et $v(i) = 1$ sinon. $S(\hat{M})$ est l'ensemble des permutations admissibles du marquage $\hat{M}$, c'est-à-dire le nombre de permutations définies sur les sous-classes dynamiques qui laissent le marquage symbolique invariant.

2.6.6. Conclusion

Un réseau de Pétri est un outil graphique et mathématique de modélisation. En effet, on est de plus en plus confronté au besoin d'étudier les performances d'un système avant sa mise en place et même au cours de son fonctionnement. Cela nous permet d'adapter le système aux besoins présents et futurs des utilisateurs. Les réseaux de Pétri nous permettent de connaître les paramètres qui jouent un rôle important dans l'efficacité d'un système, mais surtout le temps d'attente moyen, le temps de réponse etc. Ils facilitent également la modélisation des contraintes dans un système : parallélisme, synchronisation, exclusion mutuelle etc. Dans le chapitre suivant, nous parlerons de notre modèle et des résultats de performances obtenus.

Chapitre 4
Modèles et performances [27]

1. Introduction

La modélisation prend de plus en plus d'importance dans la mise en place des systèmes informatiques. Elle vise à étudier les possibilités de réalisation d'un système et les performances attendues de ce dernier pour une éventuelle amélioration. Elle tente de répondre à des questions concrètes posées par le client dans le cahier de charges. Il est alors très important, voir indispensable, de bien connaître l'environnement dans lequel le système est appelé à tourner. Il faut aussi des outils de simulation pour pouvoir estimer les critères de performances les plus significatifs.

Dans ce qui suit, nous allons d'abord présenter les outils de simulation que nous avons utilisés pour obtenir les performances de nos modèles: *GREATSPN* et *WNSIM*, ensuite nous rappelons brièvement le système que nous voulons modéliser, puis nous proposons un modèle pour l'évaluation de performances du système JuxMem et un autre pour le nôtre. Enfin nous donnerons les critères de performances obtenus en faisant une comparaison entre nos deux modèles. Pour finir, nous commentons les résultats obtenus.

2. GREATSPN

La première impulsion au développement de ce logiciel provient des recherches menées par un groupe de chercheurs de Torino sur les GSPNs. Plusieurs programmes ont été développés en tant qu'éléments de la thèse de PHD de M. K. Molloy pour mettre en application le numérique dans les modèles GSPNs. Ces travaux ont mené au premier logiciel documenté pour l'analyse des GSPNs : GreatSPN. Au départ, ses points faibles étaient la non portabilité, la non flexibilité, le manque d'interface graphique etc. Par la suite, des travaux ont permis d'ajouter : la portabilité, l'efficacité des modules d'analyse, la modularité et la facilité d'augmenter d'autres fonctionnalités, mais aussi la facilité d'utilisation avec une interface graphique.

Avec la poursuite des recherches, des modules supplémentaires ont été ajoutés à GreatSPN et il est devenu un outil intéressant et utile pour l'évaluation de performances des GSPNs. Ceci a poussé beaucoup d'établissements de recherche et d'éducation à vouloir l'obtenir. Ainsi, le département d'informatique de l'université de Torino a commencé sa distribution libre. Par la suite, les possibilités de validation des modèles ont été améliorées pour permettre de vérifier leur bornitude et leur ergodicité. Des modules permettant la validation qualitative des modèles sont aussi introduits.

Pour permettre l'analyse des SWNs, des améliorations ont été apportées. Des modules permettant la définition et l'analyse qualitative et quantitative de tels modèles sont implémentés.

GreatSPN est aujourd'hui un logiciel qui permet de décrire, valider et évaluer les performances de systèmes complexes tels que les systèmes répartis en utilisant les GSPNs et leurs prolongements « colorés » que sont les SWNs. Il se compose de beaucoup de programmes séparés qui coopèrent à la construction et à l'analyse des modèles de réseaux de Pétri en se partageant des répertoires de travail. En utilisant les systèmes de fichiers réseaux, différents modules d'analyse peuvent tourner sur différentes machines dans un environnement distribué. De plus, il peut interagir avec d'autres logiciels de simulation pour plus de précision au niveau des résultats. C'est ce qui nous permet d'utiliser WNSIM pour obtenir les résultats des modèles décrits avec GreatSPN.

3. WNSIM

Avec l'avancé des formalismes de modélisation en général et du formalisme des réseaux de Pétri en particulier, le premier système interactif de simulation appelé *DSIM* a été mis en application en 1980 sur l'ordinateur d'IBM System/360. DSIM implémente un langage original pour la description des modèles. Ce langage était interprété. DSIM était employé dans plusieurs domaines tels que les systèmes interactifs à utilisateurs multiples, les systèmes multiprocesseurs avec un autobus commun, les systèmes avec des flux de données, les expéditeurs de données dans les systèmes répartis, les protocoles de transmission, les réseaux locaux etc.

Dans le but d'intégrer des modules permettant de vérifier l'aspect formel des modèles, la deuxième version du système de simulation nommé MICROSIM est sortie. MICROSIM a été conçu et mis en application sur des PDA, puis sur les micro-ordinateurs d'IBM. Ce système a été adapté et amélioré et porte finalement le nom de WNSIM. Il peut maintenant tourner sur les systèmes d'exploitation Windows tels que: Windows *95/98/NT 2000/XP*.

WNSIM est un logiciel de simulation qui permet d'obtenir les performances d'un modèle conçu avec le formalisme SWN. Le modèle est décrit avec GreatSPN et WNSIM coopère avec ce dernier pour obtenir les résultats.

4. Système à modéliser

Dans notre étude, nous nous proposons de modéliser le fonctionnement d'un logiciel de gestion de mémoire, *JuxMem*, décrit dans le premier chapitre du document, particulièrement son mode de gestion de la synchronisation entre les pairs pour l'accès à des données communes. Pour relâcher les lectures on y intègre de nouvelles fonctionnalités.

La gestion de la synchronisation entre les pairs clients est réalisée par l'utilisation d'un mécanisme de verrou. Ainsi, un pair client souhaitant accéder à un bloc de données pour une éventuelle lecture ou modification doit au préalable poser un verrou sur celui-ci. Les autres pairs clients sont ainsi bloqués dans l'attente de la libération du verrou. Pour une modification, le verrou est exclusif, alors que pour une lecture, le verrou est partagé entre les lectures uniquement.

Ainsi dans le cadre de notre travail, nous avons pris un réseau pair-à-pair composé de plusieurs clients (pairs) qui veulent accéder à un catalogue commun géré par JuxMem.

Chaque pair client peut envoyer une requête de lecture ou d'écriture au niveau du catalogue.

5. Modèles proposés

Dans ce mémoire, nous avons choisi de créer notre propre modèle avec le formalisme des réseaux de Pétri stochastiques bien formés (SWN). En effet, ce formalisme présente beaucoup d'avantages par rapport aux autres. Il nous permet de faire l'analyse qualitative et quantitative de notre modèle et nous donne une diminution très nette de la taille du modèle en pliant plusieurs places en une seule et fait de même avec les transitions comme le font les réseaux de Pétri colorés. Cependant leur principale différence réside dans le fait que pour analyser un réseau de Pétri coloré, on est obligé de le déplier pour revenir au réseau simple de départ, alors qu'avec les SWNs, nous n'avons pas besoin de déplier pour obtenir les critères de performances souhaités. En outre, le graphe d'accessibilité peut être réduit avec la construction du graphe symbolique. Ceci étant possible grâce à la structuration des fonctions d'arcs dans les SWNs.

5.1. Modèle proposé pour la gestion de la synchronisation dans JuxMem

Ce modèle décrit le fonctionnement d'un catalogue réparti dans un réseau pair-à-pair géré dans JuxMem. Il simule essentiellement la synchronisation pour l'accès commun à des données partagées dans JuxMem. Dans ce modèle, nous considérons que tous les pairs clients accèdent à une granule du catalogue. Chaque pair client peut envoyer une requête de lecture ou écriture. Les requêtes sont exécutées une à une selon leur ordre d'arrivée.

Si un client envoie une requête d'écriture sur une donnée du catalogue, elle est exécutée selon son ordre d'arrivée. Dans ce cas, la donnée est verrouillée du début de l'exécution jusqu'à sa fin. Par contre, s'il s'agit d'une lecture, elle relâche les autres lectures qui le suivent et bloque les écritures jusqu'à la fin de son exécution.

Pour nos deux modèles donnés ci-dessous on a les paramètres suivants:

- ✓ *R= R1 U R2* est l'ensemble des requêtes (Lecture/Ecriture). *R1* contient les requêtes de lecture et *R2* celles d'écriture.
- ✓ *Pairs* est un marquage qui contient l'ensemble des requêtes des clients du réseau.
- ✓ *Routeurs* est un marquage qui contient l'ensemble des routeurs du réseau.
- ✓ *Synch* contient le jeton de synchronisation pour contrôler le verrouillage.
- ✓ *W_attente* contient les requêtes d'écriture en attente du processeur d'écriture.
- ✓ *R_attente* contient les requêtes de lecture en attente du processeur de lecture.
- ✓ *Lecture* contient les requêtes de lecture en cours.
- ✓ *Ecriture* contient les requêtes d'écriture en cours.
- ✓ *Deb_Lecture* début de traitement d'une lecture
- ✓ *Deb_Ecriture* début de traitement d'une écriture
- ✓ *Fin_Ecriture*, fin du traitement d'une écriture, pareille pour les lectures avec *fin_Lecture*.

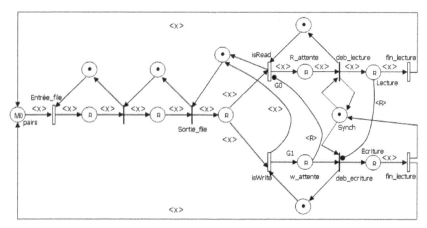

Figure 4.1 : Modèle de la synchronisation dans JuxMem

G0 = [d(x) = R1]

G1 = [d(x) = R2]

5.2. Modèle proposé avec le relâchement des lectures dans JuxMem

Ce modèle reprend le précèdent en y intégrant le relâchement des lectures. Il fonctionne à peu près de la même manière. Cependant dans ce modèle, les lectures ne sont plus exécutées dans la même unité de traitement (processeur) que les écritures. En effet, les écritures sur une granule sont exécutées par l'unité de traitement de notre catalogue géré dans JuxMem par contre, les lectures sur la même granule, en réalité une copie, sont exécutées par l'unité de traitement du R_catalogue (réplique du catalogue dans JuxMem).

De ce fait, les écritures vont se bloquer entre elles uniquement (verrouillage exclusif) et les lectures seront relâchées. D'où un parallélisme de traitement entre les lectures et les écritures.

Le relâchement est alors contrôlé par un degré de tolérance qui dépend de la requête en cours. Ce degré se mesure par le nombre toléré d'écritures sur le catalogue non répercuté sur le R_catalogue. Ainsi si une requête de lecture sur la donnée *d1* veut accéder à l'unité de traitement du R_catalogue, on regarde si le nombre d'écritures exécuté par l'unité de traitement du catalogue sur *d1* et non répercuté sur le R_catalogue n'a pas atteint le degré toléré par la requête. Si ce n'est pas le cas, la requête sera traitée sans problème. Sinon, elle sera mise en attente et on procède à une mise à jour des données du catalogue, les méta-données, au niveau de l'unité de traitement de mise à jour. Pendant la mise à jour des données, les unités de traitement du catalogue et du R_catalogue sont bloquées pour éviter une éventuelle modification des données pendant leur réconciliation.

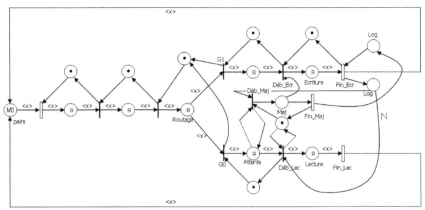

Figure 4.2 : Modèle avec relâchement des lectures

G0 = [d(x) = R1]

G1 = [d(x) = R2]

6. Critères de performance calculés

D'après le système étudié et les objectifs visés, nous calculons les critères de performances suivants :

- Le temps de réponse moyen pour le traitement des requêtes de lecture en fonction du relâchement et du nombre de clients voulant accéder à la granule. Ceci pour JuxMem et pour le nouveau modèle.
- L'évolution de ce temps de réponse en fonction de la charge du système.
- L'impact de la gestion du catalogue (synchronisation des répliques) sur le temps de traitement des requêtes.

Pour l'obtention de ces critères de performances, nous modifions les paramètres suivants :

- Le nombre de clients, pour faire varier la charge du système,
- Le degré de relâchement.

Dans un réseau pair-à-pair un grand nombre de pairs se partagent une vaste quantité de données. Cette information se traduit par l'augmentation du nombre de clients pour s'approcher plus ou moins de la réalité. Pour observer l'influence de la variation du relâchement, on augmente le degré de tolérance.

Rappelons le calcul des indices de performances qui nous intéressent (temps de réponse, throughput) dans le contexte des SWN pour notre système. Prenons la transition *Arr* qui modélise le taux des arrivées de requêtes de lecture, sa sortie moyenne est r et x représente le nombre de requêtes de lecture, le throughput est donné par :

$$\overline{\overline{\overline{X}}}(Arr,x,r) = \sum_{\hat{m} \in TSRS, \ \hat{m}[Arr(x,r)\rangle} w(Arr,x,r).\pi(\hat{m}) \quad (1)$$

Où m est le marquage symbolique tangible et W (Arr, x, r) le taux de tir pour les sous-classes statiques (x, r) de la transition Arr; TSRS est l'ensemble d'accessibilité symbolique tangible. Dénotons par P' l'ensemble des places visitées par une requête (x, r) à partir de sa génération jusqu'à l'arrivée de sa réponse, *m (p, x, r)* le marquage de la place *p* par le produit cartésien statique du tuple (x, r) en m et π (m) la probabilité d'état d'équilibre pour le marquage m.

Le nombre moyen de requêtes *N(x, r)* est :

$$\overline{N}(x,r) = \sum_{p \in P'} \tilde{\mathbf{m}}(p,x,r)\pi(\hat{\mathbf{m}}) \quad (2)$$

Et le temps de réponse moyen est calculé (avec peu de loi) comme suit:

$$\overline{R(x,r)} = \frac{\overline{\mathbf{N}}(x,r)}{\overline{\chi}(Arr,x,r)} \qquad (3)$$

7. Les résultats

Nous avons des pairs clients qui peuvent envoyer des requêtes (lectures et/ou écritures) sur l'ensemble des méta-données du catalogue et du R_catalogue. Mais, vu la complexité du système à modéliser, nous considérons que toutes les requêtes accèdent à une même granule et nous avons pris un degré de relâchement moyen pour toutes les requêtes. Rappelons que notre objectif est d'étudier l'influence de la variation de la charge et du degré de relâchement sur les performances du système. Pour modéliser la variation de la charge, nous faisons augmenter dynamiquement le nombre de clients du système.

7.1. Comparaison des courbes des temps de réponse des requêtes à lecture seule en fonction du relâchement.

Cette expérience a pour but de comparer JuxMem à notre système notamment au niveau des temps de réponses pour les requêtes de lecture. Nous soumettons les deux systèmes à une charge globale de 5000 requêtes et relâchons progressivement le degré de relâchement au niveau de notre système.

A. Cas où il y a plus de lectures que d'écritures.

Nous avons subdivisé les requêtes pour l'expérience de la figure 4.3.1 en 4000 (80%) requêtes à lecture seule et 1000 (20%) requêtes d'écriture. Pour celle de la deuxième figure nous avons 3000 (60%) requêtes à lecture seule et 2000 (40%) requêtes d'écriture. Nous avons obtenu les résultats ci-dessous :

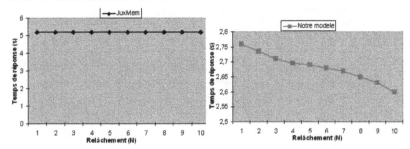

Figure 4.3.1 : Comparaison des courbes des temps de réponse des requêtes de lecture seule en fonction du relâchement (4000 lectures et 1000 écritures).

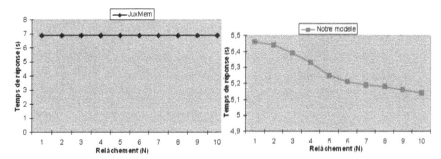

Figure 4.3.2 : Comparaison des courbes des temps de réponse des requêtes de lecture seule en fonction du relâchement (3000 lectures et 2000 écritures).

D'après l'allure des courbes des deux figures, nous remarquons que si le degré de relâchement (*n*) augmente, le temps de réponse dans JuxMem reste constant. Cela est dû au fait que JuxMem ne tolère aucun relâchement : les données sont soumises à une cohérence forte ; indépendamment du relâchement le temps de réponse reste grand et constant.

Le temps de réponse de notre système, quant à lui, diminue progressivement. Ce qui s'explique par le fait que contrairement à JuxMem, notre système permet le parallélisme des exécutions des requêtes de lecture par rapport à celles d'écriture. En effet, si on a, par exemple, la séquence de requêtes suivante : lecture, écriture, lecture pour notre système, les deux lectures vont s'exécuter au niveau du R_catalogue et l'écriture au niveau du catalogue. Par contre avec JuxMem, la deuxième lecture va attendre la fin de l'écriture (verrouillage exclusif).

D'où son temps de réponse est nettement plus élevé. Notons de plus que pour une charge de 60% de requêtes et 40% de transactions (figure 4.3.2) le temps de réponse dans notre système se rapproche de celui de JuxMem. Ce qui est tout à fait normal car plus on a de transactions, plus on a de mises à jour de synchronisation au niveau de la réplique donc plus de blocages des lectures. On peut dire que globalement le degré de relâchement ainsi que la charge du réseau influent sur la rapidité de routage des requêtes.

B. Cas où il y a moins de lectures que d'écritures.

Nous avons soumis les deux systèmes à une charge de 1000 (20%) requêtes de lectures et 4000 (80%) requêtes d'écritures. Les résultats sont les suivants :

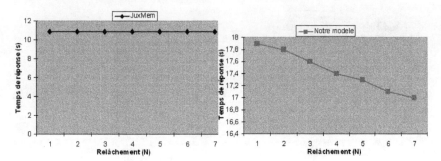

Figure 4.4 : Comparaison des courbes des temps de réponse des requêtes de lecture seule en fonction du relâchement (1000 lectures et 4000 écritures).

Nous remarquons les mêmes allures que dans les courbes précédentes. Par contre, le temps de réponse de JuxMem est meilleur que le nôtre. En effet, notre système vise à améliorer le temps de traitement des requêtes à lecture seule. Cependant, comme l'exécution d'une requête nécessite dans la plupart du temps une certaine fraîcheur malgré le relâchement, le système est obligé de faire des synchronisations entre les répliques. La fréquence de ces synchronisations est d'autant plus grande qu'il y a d'écritures. De ce fait, l'augmentation du nombre d'écritures par rapport à celui des lectures a un impact négatif sur notre modèle.

7.2. Impact de la gestion du catalogue

La gestion du catalogue (de sa réplique) nécessite des synchronisations lors des rafraîchissements demandés par les requêtes à lecture seule.

Pendant ces phases de synchronisation, aucune requête n'est exécutée afin de ne pas amener les données dans un état incohérent. Ceci ralentit le système et augmente son temps de réponse. Ainsi, le temps d'exécution d'une requête à lecture seule englobe ceux des requêtes d'écriture devant être répercutées au niveau du R_catalogue pour que ce dernier atteigne le degré de fraîcheur demandé par la requête à lecture seule.

L'expérience suivante reprend les paramètres de simulation de celle de la figure 4.3.1 mais calcule l'impact des synchronisations sur le temps de traitement des requêtes à lecture seule. Nous mesurons cet impact à travers les temps d'attente des requêtes lors des synchronisations. La figure qui suit montre les résultats que nous avons obtenus :

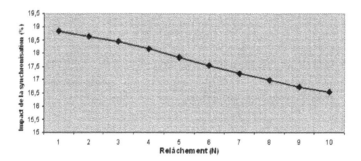

Figure 4.5 : Impact de la gestion du catalogue (synchronisation)

Nous voyons que plus le degré de relâchement est grand, plus l'impact dû à la synchronisation des répliques est petit, ce qui est tout à fait logique. Notons toutefois que plus on relâche la fraîcheur demandée, moins les résultats des requêtes à lecture seule seront fiables.

8. Conclusion

Les résultas obtenus nous permettent de conclure que notre système apporte effectivement un relâchement des lectures qui dépend du degré d'imprécision. Ce qui est tout à fait normal du fait que dans notre système, il y'a un parallélisme entre le traitement des requêtes et celui des transactions. Les requêtes ne seront plus bloquées par les transactions, à moins qu'il y'ait une mise à jour de synchronisation (rafraîchissement).

Notre système est adéquat dans les cas où le nombre de requêtes à lecture seule dépasse assez largement celui des requêtes d'écriture. Dans ces cas, il apporte de bonnes performances par rapport à JuxMem malgré le fait que le relâchement diminue la fraîcheur des données reçues.

Conclusion et perspectives

Les systèmes pair-à-pair fournissent de nouvelles opportunités pour construire des systèmes de gestion de données distribuées à grande échelle. Mais le support de services de gestion de données de haut niveau est difficile car les techniques de gestion de bases de données distribuées qui exploitent statiquement un schéma ne sont pas applicables.

Dans ce travail, nous nous sommes intéressés aux diverses solutions proposées pour le routage des requêtes dans les systèmes pair-à-pair. A cet effet, nous avons fait une étude comparative des DHTs, de JuxMem et de PinS qui sont des systèmes qui proposent des méthodes d'accès à des données distribuées. Nous nous sommes particulièrement intéressés à leur principe de fonctionnement en détaillant chaque solution et sommes arrivés à la conclusion que toutes ces trois solutions proposées ne sont pas tout à fait efficaces dans le contexte des applications web 2.0. Dans ce contexte, nous avons plus de demandes de lecture que d'écriture. Des raisons ont été évoquées dans le tableau récapitulatif du chapitre 1. Ceci nous a poussé à proposer un nouveau système pour mieux gérer notre catalogue contenant les méta-données des objets partagés et son algorithme de routage.

Ce nouveau système se base sur les travaux faits dans [2]. Il utilise le service de partage de données modifiables *JuxMem* pour la gestion de la cohérence des méta-données. Cependant, le verrouillage utilisé par JuxMem lors des accès aux données ralentit le traitement des requêtes. Pour pallier ce problème, notre système réplique le catalogue principal. Ainsi, le flux principal des demandes d'accès est subdivisé en deux flux : un pour les transactions ou écritures et un autre pour les requêtes ou lectures. Le flux des transactions est dirigé vers le catalogue principal et celui des requêtes vers la réplique. Et suivant le degré d'imprécision, le manque de fraîcheur, toléré par les requêtes, la réplique est rafraîchie au fur et à mesure. Cette séparation permet de réduire l'impact du verrouillage des méta-données par les transactions sur le routage des requêtes.

Nous avons eu aussi à faire une étude des réseaux de Pétri simples jusqu'aux SWNs. Ce sont les SWNs que nous avons utilisés pour la modélisation de notre système car étant les mieux adaptés. L'outil GreatSPN et son simulateur symbolique WNSIM que nous avons installés sous un environnement linux (Redhad 9) nous ont permis de faire les mesures de performances que sont: le temps de réponse moyen du traitement des requêtes en fonction du relâchement, son évolution par rapport à la charge du système, etc.

Les résultats que nous avons obtenus en comparant les performances de notre système à celles d'une utilisation directe de JuxMem (sans séparation de flux) permettent de dire que notre objectif principal qui est d'améliorer le routage des requêtes a été atteint. Le routage des requêtes est plus rapide dans notre système qui permet d'éviter de lire une portion de catalogue verrouillée par une transaction.

Cependant ce gain se fait au détriment d'un certain relâchement de la fraîcheur des données lues. Si, dans le contexte des applications web 2.0, les requêtes peuvent tolérer un certain degré d'imprécision des données à lire, il reste à déterminer le degré d'imprécision optimal. En effet, plus ce degré est petit, plus on aura de rafraîchissements de la réplique du catalogue. Ce qui a impact négatif sur le routage comme nous l'avons montré dans nos mesures de performances. De même, plus ce degré est grand, moins les données lues seront à jour.

Dans nos perspectives, nous nous proposons d'implémenter notre proposition dans un environnement de simulation P2P[8] pour pouvoir faire d'autres expériences sur notre système telles que la mise en évidence de l'existence du degré d'imprécision optimal tolérable par les requêtes et les corrélations de ce degré optimal avec les paramètres du système (charge transactionnelle…). Ceci nous permettrait de voir davantage les limites de notre proposition pour pouvoir y apporter d'éventuelles améliorations.

---

[8] Il existe plusieurs environnements de simulation P2P : Peersim, Ptolemy II, Omnet …

BIBLIOGRAPHIE

[1] G. et O. Gardarin. *Le Client-Serveur*. Editions Eyrolles, 1997

[2] I. Sarr et H. Naacke. *Transactions et Tolérance aux pannes avec JuxMem* :Respire Workshop 2007.

[3] Mathieu Jan. *JUXMEM : un service de partage transparent de données pour grilles de calcul fondé sur une approche pair-à-pair*. Thèse de doctorat, UNIVERSITÉ DE RENNES 1, France, 2006.

[4] Bogdan Nicolae, Gabriel Antoniu et Luc Bouge. *Distributed Management of Massive Data :an Efficient Fine-Grain Data Access Scheme*. Inria, October 2008.

[5] M. Harren, J. Hellerstein, R. Huebsch, B. Loo, S. Shenker, and I. peer Stoica. *Complex queries in dht-based -to-peer networks*. IPTPS, 2002.

[5bis] Eng Keong Lua, Jon Crowcroft, Marcelo Pias, Ravi Sharma and Steven Lim. *A Survey and Comparison of Peer-to-Peer Overlay Network Schemes*. IEE Communications Survey and Tutorial, march 2004.

[6] R. Huebsch, J. Hellerstein, N. Lanham, B. Thau Loo, S. Shenker, and I. Stoica. *Querying the internet with PIER*. Int. Conf. on Very Large Databases (VLDB), 321-332, 2003.

[7] R. Akbarinia, E. Pacitti and P. Valduriez. *An efficient mechanism for processing top-k queries in DHTs*. Journées Bases de Données Avancées (BDA), 2006.

[8] Maria-Del-Pilar Villamil, Claudia Roncancio, Cyril Labbe. *PinS :Peer to Peer Interrogation and Indexing System*.

[9] Reza Akbarinia, Esther Pacitti, Patrick Valduriez. *Query processing in P2P systems*. Rapport de recherche n° 6112 – Janvier 2007 - 38 pages.

[10] A. Rowstron and P. Druschel. *Pastry: scalable, distributed object location and routing for large-scale peer-to-peer systems.* IFIP/ACM Int. Conf. on Distributed Systems Platforms (Middleware), 329-350, 2001.

[11] Ion Stoica, Robert Morris, David Karger, M. Frans Kaashoek, and Hari Balakrishnan. *Chord : A scalable peer-to-peer lookup service for internet applications.* In Proc. ACM SIGCOMM, Août 2001. http://citeseer.csail.mit.edu/469485.html.

[12] Sylvia Ratnasamy, Paul Francis, Mark Handley, Richard Kar, and Scott Shenker. *Can : A scalable content-addressable network.* In Proc. of ACM SIGCOMM'01, 2002. http://citeseer.ist.psu.edu/ ratnasamy01scalable.htm.

[13] Athicha Muthitacharoen, Robert Morris, Thomer M. Gil, and Benjie Chen. *Ivy: A read/write peer-to-peer _le system.* In 5th Symposium on Operating Systems Design and Implementation (OSDI '02), Boston, MA, December 2002.

[14] H. Molina, J. Ullman, and J. Widom. *Database system implementation.* Prentice Hall, 2000.

[15] eBay. http ://www.ebay.com.

[16] Flickr. http ://www.flickr.com.

[17] FaceBook. http ://www.facebook.com.

[18] S. Gancarski, H. Naacke, E. Pacitti and P. Valduriez. *The Leganet System: Freshness-Aware Transaction Routing in a Database Cluster.* Information Systems Journal 32(2), pp. 320-343, 2006.

[19] C. Plattner, G. Alonso. Ganymed: *"Scalable Replication for Transactional Web Applications"* Int. Middleware Conference (Middleware'04), Toronto, Canada, 2004, 155-174.

[20] Bruno Baynat : *Théorie des files d'attente, des chaînes de Markov aux réseaux à forme*

produit, 2000 .

[21] Robert Valette, Maître de conférence à l'université de Toulouse. *Les Réseaux de Petri* .Cours 01, Septembre 2002.

[22] Falko BAUSE, Pieter S.Kritzinger. *Stochasti Petri Nets, An Introduction to the Theory.*Verlag Vieweg, P.O Box 5829, D-65048 Wiesbaden, 1996.

[23] Serge Haddad, Patrice Moreaux. *Les réseaux de Pétri Stochastiques.* Décembre 2000

[24] Docteur Mbaye SENE, Département de Mathématique Informatique de l'université cheikh Anta Diop de Dakar. *Cours Réseaux et Performances Master/DEA 2007/2008.*

[25] G. Scorletti et G. Binet, Maitre de Conference à l'université de Caen. *Réseau de Pétri.* Cours EL401T2, Juin 2006.

[26] Serge Haddad, Patrice Moreaux. *Les réseaux de Pétri Stochastiques bien formés*, Décembre 2000.

[27] Performance measures of a Call Admission Control in mobile networks using SWN Lynda Mokdad LAMSADE, Univ. Paris Dauphine Place du Maréchal de Lattre de Tassigny 75775 cedex 16, France lynda.mokdad@lamsade.dauphine.fr
Mbaye Sene FST, Université Cheikh Anta Diop ,DPT Mathématiques-informatique BP 5005, Dakar-Fann, Senegal mbaye.sene@lamsade.dauphine.fr,ucad.sn, 2006.

www.ingramcontent.com/pod-product-compliance
Lightning Source LLC
La Vergne TN
LVHW042346060326
832902LV00006B/414